Pe. Reginaldo Carreira (org.)
Pe. Rodrigo Simões
Dra. Ana Carolina Cabral

Um coração bem cuidado

Espiritualidade e Psicologia

Direção Editorial:
Pe. Fábio Evaristo R. Silva, C.Ss.R.

Conselho Editorial:
Ferdinando Mancilio, C.Ss.R.
Gilberto Paiva, C.Ss.R.
José Uilson Inácio Soares Júnior, C.Ss.R.
Marcelo da Rosa Magalhães, C.Ss.R.
Mauro Vilela, C.Ss.R.
Victor Hugo Lapenta, C.Ss.R.

Coordenação Editorial:
Ana Lúcia de Castro Leite

Copidesque:
Bruna Vieira da Silva

Revisão:
Luana Galvão

Projeto Gráfico e Diagramação:
José Antonio dos Santos Junior

Capa:
José Antonio dos Santos Junior

Dados Internacionais de Catalogação na Publicação (CIP) de acordo com ISBD

R335c   Reginaldo Carreira, Pe.
          Um coração bem cuidado: espiritualidade e Psicologia / Pe. Reginaldo Carreira, Pe. Rodrigo Simões, Dra. Ana Carolina Cabral; organizado por Pe. Reginaldo Carreira. - Aparecida, SP : Editora Santuário, 2019.
          176 p.; 14cm x 21cm.

          Inclui bibliografia e índice.
          ISBN: 978-85-369-0600-3

          1. Cristianismo. 2. Fé. 3. Espiritualidade. 4. Psicologia. I. Pe. Rodrigo Simões, Pe. II. Cabral, Ana Carolina. III. Título.

2019-1122   CDD 240
                                                         CDU 24

Elaborado por Vagner Rodolfo da Silva - CRB-8/9410

Índice para catálogo sistemático:
1. Cristianismo 240
2. Cristianismo 24

2ª impressão

Todos os direitos reservados à **EDITORA SANTUÁRIO** – 2020

Rua Pe. Claro Monteiro, 342 – 12570-000 – Aparecida-SP
Tel.: 12 3104-2000 – Televendas: 0800 - 16 00 04
www.editorasantuario.com.br
vendas@editorasantuario.com.br

Rua João Paulo II, s/n - Alto da Bela Vista
Cachoeira Paulista-SP - Cep: 12630-000
Tel.: [55] (12) 3186-2600
E-mail: editora@cancaonova.com | loja.cancaonova.com
Twitter: @editoracn | Instagram: @editoracancaonova | Facebook: @editoracancaonova

Dedicatória

Dedicamos estas reflexões às nossas famílias e aos irmãos de caminhada, no desejo de que nosso coração se torne cada vez mais semelhante ao Coração de Jesus, o Coração Jovem.

Prefácio

Dias atrás alguém tirou uma foto minha com o celular e, usando o aplicativo Snapchat, fez-me ficar com cara de menino. Rejuvenesci como em um toque de mágica... na foto, é claro!

Ao conhecer este livro, para o qual escrevo agora o prefácio, com muita alegria e honrado demais, pensei: "'Um coração bem cuidado' vai ser um 'Snapchat' na vida de muita gente". Quem tiver a felicidade de ler este livro vai rejuvenescer. Não é uma maravilha? Já na introdução, somos convidados pelo papa Francisco a pensar nisto: "Ter um coração jovem, mesmo aos setenta, oitenta anos! Coração jovem! Com Cristo o coração não envelhece nunca!"

Esta obra será para muitos a fonte da juventude, e muitos serão os que, como Nicodemos, renascerão do Espírito, não só rejuvenescendo o coração... mas tornando-o bem cuidado, como sugere esse título. Quem usar este livro como instrumento de trabalho na área da formação humana e saúde integral do ser humano – penso aqui nos professores, psicólogos, sacerdotes e outros – tornar-se-á verdadeiro rejuvenescedor de vidas. Aqui está um "bisturi" renovador para membros de novas comunidades, líderes cristãos, que tenham interesse em formação humana, pessoas interessadas no crescimento espiritual e humano e tantos outros.

Em meu tempo de seminário menor, aos domingos, era o padre reitor quem presidia a missa para nossa comunidade. Era raro o domingo em que ele não falasse dos três "SSS" no sermão. Sermão era o termo usado para o que hoje chamamos homilia... e era um "sermão" mesmo! Mas voltemos aos três SSS: que SSS eram aqueles? S de saúde, S de sabedoria e S de santidade. No final arrematava com a expressão: "Três é a conta que Deus fez!"

Pois bem, este livro também é a conta que Deus fez. Foi lavrado por três mãos... melhor: foi lavrado por três corações que desejam nos levar a uma vida cheia de saúde, sabedoria e santidade. Aqui está um receituário para nosso bem físico, psicológico e espiritual. Obrigado aos queridos TRÊS autores deste trabalho importantíssimo. "Três é a conta que Deus fez!"

Este livro não será só mais um livro de cabeceira... será um "médico de cabeceira". Neste estão receitas maravilhosas que farão de nosso coração UM CORAÇÃO BEM CUIDADO.

Obrigado aos três autores deste livro, a meus queridos irmãos, Pe. Reginaldo e Pe. Rodrigo, a quem peço a bênção sacerdotal, e à querida Dra. Ana Carolina, a quem abençoo com carinho. Continuem sendo a "junta médica de Deus", os "cirurgiões plásticos das almas", cuidando bem de nosso coração e rejuvenescendo-nos até sermos novas criaturas em Cristo Jesus, imagens e semelhanças de nosso Deus.

Como o salmista, quero dizer a todos os leitores deste livro: "Olhai e alegrai-vos... reviva vosso coração" (Sl 68,33).

Seja vosso coração UM CORAÇÃO BEM CUIDADO. Amém!

Pe. Antonio Maria

Introdução

"Ter um coração jovem, mesmo aos setenta, oitenta anos! **Coração jovem! Com Cristo o coração não envelhece nunca!**" (Papa Francisco, Homilia de Domingo de Ramos 24/3/2013 – Dia da Juventude).

A partir dessa mensagem do papa Francisco, nasceu o Projeto e o Instituto CORAÇÃO JOVEM, com o propósito de unir o conhecimento bíblico-espiritual ao conhecimento das ciências de ajuda humano-afetiva, especialmente a psicologia, no que diz respeito à busca de mudança de comportamento, que para a visão da espiritualidade é simplesmente chamada de conversão.

"Eu até tento, mas não consigo mudar!" É a queixa de muitas pessoas, tanto no campo da espiritualidade, quanto na intenção mais autêntica de crescimento pessoal. E se esse caminho puder ser auxiliado e facilitado? E se o autoconhecimento estiver a seu alcance apenas mudando seu ângulo de vista? Olhar o ser humano de forma integral, entendendo o uso das ciências de forma transversal e colaborativa para cuidar do ser humano como um todo, é uma tendência, hoje em dia. E o espírito faz parte desse todo!

Este livro é um dos frutos desse projeto e nasce da partilha dos temas de conhecimento e crescimento humano e da reflexão sobre eles, à luz da psicologia e aliado à visão da espiritualidade e da teologia, e sobre o homem como ser em desenvolvimento e em constante aprendizado! A salvação oferecida por Jesus é para todos os homens e para o homem todo, por inteiro!

Esse conselho do papa Francisco está em consonância com a maneira humana de compreender o coração como sede do sentimento e das decisões. Daí a iniciativa de escrever algo que possa unir a fé e a psicologia em favor da vida cristã e da felicidade de cada homem e de cada mulher.

Ter um coração jovem sempre: Essa é a nossa meta!

Cada capítulo deste livro traz uma visão em três perspectivas: a da psicologia e da espiritualidade mais unidas, por intermédio do Pe. Rodrigo Simões, sacerdote e psicólogo clínico, especialista em clínica, pela abordagem da TCC – Terapia Cognitivo-Comportamental, especializado em Psicologia Positiva e especialista em Acupuntura. A outra perspectiva é a da psicologia mais específica, por meio da psicóloga Dra. Ana Carolina Cabral, especialista em TREC – Terapia Racional Emotiva Comportamental de Albert Ellis (um ramo da TCC). Por fim, a perspectiva da espiritualidade, por meio do Pe. Reginaldo Carreira, pregador e cantor, com diversos trabalhos nos meios de comunicação de índole cristã. Nem sempre se seguirá uma sequência específica de cada autor, mas sempre haverá o propósito de aprofundar os assuntos de forma pedagógica e agradável.

Os textos são apresentados de forma que cada capítulo seja um caminho de aprendizado e partilha, em processo crescente, mas também independente, de maneira que cada tema possa ser apreendido separadamente.

E aí? Que tal fazermos esse caminho?

O que é TCC?

Hoje em dia, fala-se muito em terapia. Esse é um termo bastante geral, abrangente, pois, por trás dele, existe uma variedade incrível de formas de cuidar e entender uma pessoa. É importante dizer que todos os tipos de tratamento que têm como alicerce estudos sérios, científicos podem trazer bons resultados. Dentre eles, temos a Terapia Cognitivo-Comportamental, que norteará o caminho destas páginas, unida à espiritualidade.

Essa maneira de cuidar e entender o ser humano ensina que tudo o que se sente e se faz se origina nos pensamentos; por sua vez, eles também são influenciados e reforçados pela forma de sentir e reagir do indivíduo. Pessoas com compreensões diferentes de si mesmas, da vida e do outro irão desenvolver pensamentos variados diante das mesmas situações; portanto sentirão coisas diferentes e se comportarão de maneiras diversas. Confuso? Parece, mas não é! Depois que se compreende tudo isso e se começa a praticar, fica simples e fácil alcançar altos resultados.

Assim, quando a pessoa consegue corrigir seus pensamentos, ela também torna possível a transformação de sua forma de sentir e agir. Então, quer dizer que as pessoas podem mudar seus pensamentos e não sofrer mais? Claro que não! O que queremos dizer é que é possível corrigir os pensamentos errados, distorcidos, disfuncionais e aprender a pensar de uma maneira lógica, realista e ajustada aos acontecimentos. Assim, cada momento da vida será vivido da melhor maneira. E como seria a melhor maneira? Sentir, experimentar, vivenciar cada fato na intensidade adequada, fazendo experiências de crescimento e evolução constantemente. Se acontece algo triste, é preciso experimentar a tristeza na medida certa, mas não ao ponto de cair em depressão, de chorar o resto da vida; também não seria adequado ficar indiferente. Se for um momento feliz, é preciso sentir alegria; seria disfuncional ficar insensível ou criar euforia. Assim acontece com todos os sentimentos básicos: medo, raiva, tristeza, alegria, amor, nojo e surpresa. Vamos falar brevemente sobre eles.

O medo surge, quando se acredita correr perigo. A raiva vem da crença de que se é injustiçado, restringido, privado ou desvalorizado. A tristeza é fruto de pensamentos relativos a fracasso, perdas e à separação. A alegria resulta de pensamentos de competência, segurança e sucesso. O amor é relativo ao apego, a acreditar que se é aceito e valorizado. O nojo ou repugnância é fruto da crença de que algo poderá contaminar o corpo, trazendo prejuízos à saúde. A surpresa é uma reação correspondente à constatação de algo novo, inesperado, que pode ser bom ou ruim; é um filtro decodificador entre os outros sentimentos.

Ainda existem muitas outras emoções, consideradas secundárias ou terciárias, que são fortemente influenciadas por aspectos cognitivos e sociais, como decepção, ansiedade, cansaço emocional, esperança, preocupação, solidão, desconfiança, tranquilidade, orgulho, vergonha, confusão, desespero, culpa, saudade, pena e desprezo. É importante nomear os sentimentos, pois não raro encontramos pessoas que não sabem descrever o que sentem. Se não sabem o que sentem, como poderão descobrir por que sentem?

Resumindo: pensamentos geram sentimentos, que geram comportamentos. Nesse conjunto, um componente influencia o outro, formando um círculo vicioso de reforço.

Este livro segue essa forma cognitiva comportamental de entender e ajudar o ser humano. Temos o propósito de aumentar o conhecimento sobre você mesmo (autoconsciência), facilitando sua compreensão sobre você (autoentendimento), e melhorar seu autocontrole, pelo desenvolvimento de pensamentos eficientes (habilidades cognitivas) e comportamentos saudáveis (habilidades comportamentais), mais apropriados.

Mediante um treinamento, colocando em prática as dicas apresentadas ao longo do livro, você conseguirá substituir pensamentos e crenças doentes por cognições mais positivas, equilibradas e funcionais, que irão ajudá-lo a reconhecer e saborear suas capacidades e seus sucessos.

Ao longo de uma caminhada, você poderá desenvolver novas habilidades cognitivas e comportamentais, que permitirão que situações novas e difíceis sejam enfrentadas com sucesso, de maneira mais adequada.

Esperamos que este seja o início de um longo e prazeroso caminho de autoconhecimento. Boa leitura!

Parte 1
Psicologia e Espiritualidade

1
Psicologia e fé

Pe. Rodrigo Simões

Basta examinarmos as diversas raças para percebermos que, apesar de sermos todos da mesma espécie, em alguns aspectos, somos totalmente diferentes. Mesmo dentro de um pequeno grupo, na família, na pastoral, à qual pertencemos, ou no ambiente de trabalho, temos exemplos de sobra para perceber como somos, pensamos e agimos de formas diferentes; o que parece correto para uma pessoa apresenta-se controverso para outra.

Todos já passamos por situações em que desejávamos melhorar nosso comportamento, mas não conseguimos ou não soubemos por onde começar. Muitas vezes acertamos, entre erros e acertos sucessivos, e, assim, a experiência vai confirmando nosso caminho, nossas escolhas, por meio dos resultados. Outras vezes, desejamos compreender por que temos certos sentimentos, que parecem surgir do nada e desaparecer sozinhos. Quem nunca teve dificuldades em relacionamentos? Creio que a maioria. Nem sempre sabemos o que fazer, como falar com outro ou o que falar... Muitas vezes, nem enxergamos onde estão as causas dos sofrimentos, os erros... ou acertos...

Sabemos que a religião pode ser usada, tanto para libertar, quanto para escravizar. São vários os exemplos na história, e também nos dias atuais, de líderes religiosos que, em nome de um deus, exploraram as pessoas, incutindo-lhes pensamentos de falsa recompensa e ameaçando com castigos, da parte de Deus, aqueles que não seguissem seus preceitos. Observamos o enriquecimento ilícito de líderes que arrancam vultosas quantias em dinheiro de seu povo, em nome de Deus, como se Ele se deixasse vender, como se as bênçãos e graças pudessem ser pagas. Na história, observamos que alguns membros de nossa própria Igreja caíram em alguns desses pecados; a Igreja reconheceu esses erros e procurou redimir-se e reorientar seus passos. Porém, o verdadeiro objetivo da boa religião, assim como da boa ciência não é esse! Com certeza é auxiliar o ser humano em um caminho de evolução e amadurecimento, de realização e felicidade.

Se acompanharmos a caminhada dos discípulos de Jesus, perceberemos que eles passaram por um processo de autoconhecimento que os transformou em criaturas novas e melhores. É maravilhoso ver o trabalho que Jesus fez com Pedro, levando-o ao conhecimento de quem ele era, de como agia, pensava, sentia e em quem se transformara na convivência com Jesus. É encantador observar como Jesus conhecia seus discípulos mais do que eles a si mesmos e como o Senhor os conduziu à descoberta dos seus erros e suas capacidades, levando-os a uma expansão e prática eficiente de seus dons. Não seria esse o mesmo objetivo da psicologia? Já disseram por aí que Jesus foi o maior psicólogo que já existiu. Eu concordo!

Em relação à psicologia, vejo menos motivos para discórdia, ou quase nenhum! Aumenta sempre o número de sacerdotes e religiosos que buscam faculdades e cursos de psicologia. E isso por quê? Porque as duas, nossa Igreja e a psicologia, confluem para o mesmo ponto: auxiliar o ser humano em sua caminhada de evolução. Então, por que não usar técnicas testadas e confirmadas como eficazes, pela psicologia, para ajudar o homem religioso na busca de amadurecimento, de evolução? Por que não deixar que a psicologia clareie certos aspectos de nossa vida cristã, a fim de que possamos ser mais santos? Agradar mais a Deus? Conviver melhor com nosso próximo?

Sim, a psicologia pode nos ajudar no caminho da santidade! Ao lermos sobre a vida dos santos, podemos observar que eles mergulharam em um caminho de profundo autoconhecimento e descoberta do próximo, à sua semelhança. Foram heróis que se pautaram pela Palavra de Deus, travando uma batalha de crescimento espiritual que nunca excluiu o emocional. Utilizaram a oração como caminho para rever suas atitudes e ouvir a voz do Senhor, por que não dizer, como terapeuta? Utilizaram as palavras de Jesus para espelharem-se e desenvolverem-se na arte do amor e do respeito, do perdão e da partilha. E a psicologia pôde nos ajudar em tudo isso. A boa psicologia e a boa religião são parceiras, não inimigas, como muitos já pensaram. Jesus já utilizava de métodos há dois mil anos, descobertos e validados pela psicologia em nossos tempos! A psicologia oferece técnicas, que, se bem aplicadas, podem nos ajudar na adoção de uma vida coerente com o que nos pede Jesus.

Nada melhor para concluir esta reflexão do que as palavras de São João Paulo II em seu documento *Fides et Ratio*: "A fé e a razão constituem como que as duas asas pelas quais o espírito humano se eleva para a contemplação da verdade. Foi Deus quem colocou no coração do homem o desejo de conhecer a verdade e, em última análise, de conhecer a Ele, para que, conhecendo-o e amando-o, possa chegar também à verdade plena sobre si próprio... Tanto no Oriente como no Ocidente, é possível entrever um caminho que, ao longo dos séculos, levou a humanidade a encontrar-se progressivamente com a verdade e a confrontar-se com ela. É um caminho que se realizou – nem podia ser de outro modo – no âmbito da autoconsciência pessoal: quanto mais o homem conhece a realidade e o mundo, tanto mais conhece a si mesmo na sua unicidade, ao mesmo tempo que nele se torna cada vez mais premente a questão do sentido das coisas e da sua própria existência. O que chega a ser objeto do nosso conhecimento, torna-se por isso mesmo parte da nossa vida. A recomendação 'Conhece-te a ti mesmo' estava esculpida no dintel do templo de Delfos, para testemunhar uma verdade basilar que deve ser assumida como regra mínima de todo homem que deseje distinguir-se, no meio da criação inteira, por sua qualificação de 'homem', ou seja, enquanto 'conhecedor de si mesmo'".

2
Ansiedade e Fé

Dra. Ana Carolina Cabral

Como psicóloga clínica, não são raros os casos de pacientes que chegam ao consultório com queixas de ansiedade, medo, desânimo, cansaço, dor no peito, acompanhados de pensamentos e questionamentos acerca do sentido da vida, das dúvidas de maneira geral, inclusive quanto a si próprios. Esses pacientes buscam saciar uma espécie de vazio. Buscam terapia, pois, sendo essa a ciência que estuda a alma, creem que sanarão as dúvidas sobre o sentido da vida, o temor da morte, como enfrentar e lidar com os desafios do dia a dia e suas incertezas.

Observo que os pacientes que exercem algum tipo de prática religiosa, ou que possuem algum esquema de crenças religiosas minimamente organizado, tendem a apresentar menor temor diante de algumas dificuldades vivenciadas. Isso não é uma regra, pois sabemos que existem distorções cognitivas acerca da fé e de seu exercício. No entanto, quando recorro à Teoria Racional Emotiva Comportamental (TREC) de Albert Ellis, abordagem psicológica que me orienta profissionalmente, consigo entender o porquê desse fenômeno.

De acordo com a TREC, o ser humano possui um funcionamento psíquico: as pessoas, ao vivenciarem algo, pensam sobre isso, sentem e depois agem. Esse modelo foi conhecido como ABC: A para as situações ativadoras, os eventos; B usado do termo inglês para crenças; C são as consequências e os comportamentos. Denomina-se pensamento todo o conceito, toda a cognição acerca do mundo, das pessoas ao redor e, claro, do próprio indivíduo. Acredita-se que a cognição é desenvolvida desde as primeiras experiências de vida. As crenças, de acordo com a TREC, são o conjunto de conceitos, valores e pensamentos que o ser humano desenvolve ao longo de sua existência. Conhecer é contínuo e, portanto, a cognição está sempre em desenvolvimento. É esse sistema de crenças que é "acionado" a cada vivência nova de uma pessoa.

Há, ainda, os pensamentos, os sentimentos e os comportamentos funcionais e disfuncionais. Para a TREC, são funcionais os pensamentos que são condizentes com a realidade que cerca o ser humano e que promovem saúde. Já os pensamentos disfuncionais são conhecidos por sua falta de harmonia e conexão com o mundo. Logo, retomando as considerações acerca do funcionamento psíquico, quando há uma nova situação, o indivíduo pensará de acordo com suas crenças para, então, sentir e agir de acordo com elas.

Não obstante, aquele que possui uma reflexão mais bem adaptada acerca dos eventos terá mais organizado seu sistema de crenças. Da mesma forma, se a religiosidade da pessoa está pautada em uma lógica funcional, seus sentimentos e comportamentos terão essa base, e essa pessoa provavelmente terá um repertório mais adaptado às condições existentes, independentemente de quais sejam.

A fé, por sua vez, é também um sentimento, e em função dela as pessoas irão agir. Daí é que se retoma a funcionalidade cognitiva que a embasa: quem possuir uma conceituação funcional da fé, da religião, portanto, um sistema de crenças adequado à realidade, terá uma fé funcional. A fé será saudável.

Concluo, assim, ressaltando o grandioso valor que a funcional organização dos valores e conceitos, religiosos ou não, possui, para que uma pessoa possa ter saúde, bem-estar físico e emocional. Ainda, proponho uma meditação sobre o quanto isso realmente pode refletir na relação dessa pessoa com o Divino: pensamentos e sentimentos saudáveis para ações saudáveis em tudo e, por que não, com Deus.

3
O Coração de Jesus

Pe. Reginaldo Carreira

O coração é símbolo do sentimento. E, se nosso sentimento estiver no Senhor e em harmonia com o Coração de Jesus, com certeza seremos mais felizes, pois teremos Jesus como único Senhor: "Onde está o teu tesouro, aí estará também teu coração" (Mt 6,21). "És o meu tesouro, ó Jesus!" somos chamados a dizer! Mas como dar-lhe o louvor digníssimo? Como elevar uma adoração correspondente a tão grandioso e Sagrado Coração, que nos convida à mansidão e à humildade, ao amor ("amai-vos") e ao perdão? Penso que o próprio "convite" desse Coração, que tem sede de nós no alto da cruz, pode nos indicar o caminho: AMAR! Sabendo que, no coração do homem, está o bem que Deus colocou (CIC 1742), fica claro para nós que o maior louvor ao Coração de Jesus é cultivar um coração que leve o bem aos corações! Afinal de contas, amar é o maior mandamento! Amar nos exige resposta, e nossa resposta mais digna é o louvor sincero, que se traduz no amor a Deus, pela adoração, e no amor aos irmãos.

Iluminados por esse Sagrado Coração, entendemos que, para amar melhor, precisamos nos adequar ao Mestre, e para nos adequar a Ele, precisamos da graça de Deus e da ajuda uns dos outros. Dentre as formas de ajuda que nos auxiliam na conversão do coração e de coração, com mudanças reais de atitude, está o conhecimento sobre o ser humano e seu modo de pensar e de agir. Nesse sentido, a psicologia pode ajudar de forma especial, sendo um instrumento eficaz de autoconhecimento e de impulso na mudança real de atitudes. Na caminhada de fé, nós nos deparamos com momentos em que sabemos o que devemos fazer, mas nem sempre conseguimos realizar o que nos propomos. São Paulo já dizia: "Sei o bem que quero, mas faço o mal que não quero..." (Rm 7,19), em uma alusão clara à dificuldade de adequar suas decisões às suas atitudes. Queremos descansar nosso coração no Coração Sagrado de Jesus..., aprender dele a sermos mansos e humildes. Isso se faz não apenas pela oração, mas pela ascese, pelo estudo da fé e da vida humana, de forma a alcançar os objetivos mais sublimes! Dentre esses objetivos está a santidade! Precisamos ser santos..., não apenas para agradar Jesus, mas para nosso bem! É vocação de cada batizado, de cada cristão! E se é vocação, chamado de Deus, é porque somos capazes da santidade! E isso não se faz sem auxílio da comunidade, dos irmãos, das ciências humanas, que podem nos ajudar. Muitas das chamadas Novas Comunidades têm se demonstrado preocupadas com a formação humana, e isso é maravilhoso! Não se pode ter uma verdadeira maturidade espiritual, sem cuidar da maturidade humana: elas caminham juntas! Não estamos aqui reduzindo a conversão ou a santidade a um psicologismo, em que uma terapia ou o estudo da psicologia resolveriam tudo. A graça de Deus é insubstituível! E não se muda esse posicionamento e essa convicção! O que pretendemos é conhecer melhor os caminhos que a psicologia e o conhecimento humano podem nos oferecer para nossa caminhada de fé e conversão!

Retomando a palavra que usamos no início: "Vinde a mim vós que estais cansados..., e eu vos darei descanso", compreendemos que o próprio Jesus, manso e humilde, sabe nos dar o "caminho" para nosso crescimento. Ele é o caminho! E quanto mais o conhecemos e o encontramos, mais nos conhecemos e mais nos encontramos. E quanto mais nos conhecemos e nos encontramos, mais fácil fica acharmos meios para mudar nossas atitudes e adequá-las à vontade de Deus para nós. Essa vontade não é para ser um peso, mas um privilégio..., não é para ser uma luta sofrida, mas um empenho sincero de manter a felicidade que se vai sentindo ao experimentar a liberdade dos filhos de Deus!

Desejo que Jesus nos conceda ferramentas eficazes para nos conhecermos melhor, dê-nos uma alegria profunda por ter esse autoconhecimento e nos permita, amparados por sua graça, aprofundar em um caminho de conversão e paz! Caminho de fé, no qual a ansiedade e o medo sejam vencidos pelas escolhas conscientes e iluminadas, e o equilíbrio e a segurança nos ajudem a vivermos e sermos misericórdia, respeitando nosso próprio processo de conversão e o processo de conversão de nossos irmãos!

Parte 2
Socorro! Não dou conta!
(Ansiedade e Medo)

1
O Medo

Pe. Rodrigo Simões

Você gosta de sentir medo? Creio que não! Sentir medo não é bom; traz uma sensação ruim, desagradável, que se pudéssemos evitaríamos sempre. Mas será que se poderia viver sem medo? Imagine uma pessoa que não tenha medo de nada. Você pode dizer: "Nossa, que maravilha! Deve ser ótimo!" A princípio pode parecer, mas, se alguém não tivesse medo, na verdade, sobreviveria muito pouco e não se prepararia para ocasiões importantes da vida. Isso porque o medo, na medida certa, gera prudência. Se uma pessoa sabe que pode sofrer um acidente ao dirigir seu carro em alta velocidade, vai acelerar menos ao dirigir para algum lugar, principalmente, em caminhos mais perigosos. Se alguém tem uma prova importante para fazer e precisa tirar uma boa nota para não ser reprovado, o medo pode impulsioná-lo a estudar adequadamente. Portanto, o medo na medida certa, é necessário para a sobrevivência e o sucesso, nas mais diversas situações.

A ansiedade é uma emoção que caminha muito perto do medo. O medo é mais específico. A ansiedade tem como fundo o medo, mas é um sentimento mais difuso. Sua causa não parece muito clara. Pode-se dizer que o indivíduo sente ansiedade quando conserva um estado de alerta, de vigília, a fim de evitar algo do qual tem medo. Esse algo pode ou não ser perigoso.

Ao sentir medo diante de uma ameaça, a pessoa geralmente pensa em fugir, a fim de proteger e preservar sua vida. Assim, o tempo todo, nas mais diversas situações, sem que perceba, o indivíduo avalia o perigo envolvido em tudo o que faz, por um impulso básico e forte do ser humano, que é o de preservação. Antecipa os possíveis danos físicos e psicológicos e procura evitá-los. O medo gera o ato reflexo de luta, fuga ou congelamento; também podemos somar a esses o comportamento de se assustar e de desmaiar. Todas essas respostas têm o objetivo de proteger o indivíduo do perigo, de alguma forma.

Quando a pessoa sente medo, pode apresentar uma ou mais respostas fisiológicas, como sudorese, taquicardia, visão turva, falta de ar, tremores, tensão ou abalos musculares, tontura ou vertigem, secura de boca e garganta, arrepios, ondas de frio e calor, urgência para urinar ou evacuar, formigamento nos membros e sensação de fadiga; também, respostas psíquicas como inquietação, nervosismo, dificuldade de concentração, irritabilidade, insegurança, sobressaltos, sensações de estranheza em relação a si mesmo ou ao ambiente e insônia.

Existem os Transtornos fóbico-ansiosos – Fobias específicas, Agorafobia, Fobia Social, tão comuns hoje em dia – relacionados ao medo e à ansiedade. Neles, o foco é o medo; a fobia ocorre devido a situações e objetos externos ao indivíduo bem definidos, os quais não são necessariamente perigosos. Como consequência, esses objetos ou situações são evitados ou suportados com pavor. Esse medo pode variar de leve até ao terror. Há ainda os Transtornos de Ansiedade: Transtorno de Ansiedade Generalizada (TAG),

Transtorno Obsessivo Compulsivo (TOC), Transtorno de Estresse Pós-Traumático (TEPT) e Transtorno do Pânico. Neles, o fator principal é a ansiedade, que não está restrita a qualquer situação ambiental em particular. A pessoa sente ansiedade, mas não sabe propriamente de que tem medo.

A Fobia é um medo exagerado, um pavor de algo, que pode ser perigoso ou não, desde uma cobra, até medo de borboleta, ou melhor, utilizando um termo mais correto, ansiedade fóbica por borboleta. Existem pessoas que têm fobia de cães, de lugares fechados, de pombos, de voar, de sangue, de altura, de escrever em público, de falar em público e de tantas outras; até pessoa com medo de caneta eu já vi! Pode parecer engraçado, para quem não tem a fobia, mas para quem a tem não soa nada divertido...

Agorafobia refere-se a medo de espaços abertos, à presença de multidões e à dificuldade de escape fácil e imediato para um local seguro, geralmente, a casa da pessoa; medo de entrar em lojas e de viajar sozinho.

Fobia Social difere-se da Agorafobia, porque o medo é de pequenos grupos, não de multidões. Há grande dificuldade de comer ou falar em público, ou encontrar-se com o sexo oposto; envolve também quase todas as situações sociais fora do âmbito familiar.

Transtorno de Ansiedade Generalizada é muito comum, atualmente. A ansiedade é generalizada e persistente, mas não restrita a uma situação específica, isto é, ela é "livremente flutuante". Os sintomas variam em intensidade e são semelhantes aos dos outros transtornos, como nervosismo, tremores, tensão muscular, sudorese, sensação de cabeça leve, palpitações, tonturas e desconforto epigástrico, medo de que a pessoa ou um parente irá brevemente adoecer ou sofrer um acidente, preocupações e pressentimentos.

No caso do Transtorno Obsessivo Compulsivo, a pessoa apresenta pensamentos obsessivos ou atos compulsivos recorrentes. Pensamentos obsessivos são ideias, imagens ou impulsos que entram na mente de forma insistente e repetitiva, geralmente portadores de conteúdo angustiante. Atos ou rituais compulsivos são comportamentos que se repetem muitas vezes. Não são necessariamente agradáveis, nem úteis. Os mais comuns são as "manias" de lavar as mãos, verificar portas e janelas, voltar várias vezes para ver se o gás está fechado, alinhar objetos, abrir e fechar torneiras etc.

No Transtorno de Estresse Pós-Traumático, os sintomas surgem após um evento traumático e persistem, mesmo quando não há mais riscos. A pessoa fica revivendo a situação constantemente por meio de lembranças repetitivas, sonhos e ruminações de pensamentos. É como se não conseguisse virar a página, ficando o tempo todo em estado de alerta, com medo de que tudo se repita. Os sintomas fisiológicos são semelhantes aos dos transtornos anteriores.

No Transtorno do Pânico, a pessoa tem ataques recorrentes de ansiedade grave, medo exagerado, pânico, que não estão relacionados com nenhuma situação particular, sendo, portanto, imprevisíveis. Os sintomas variam em intensidade, de pessoa para pessoa, como nos outros casos, e referem-se a início súbito de palpitações, dor no peito, sensações de choque, tontura e sentimentos de irrealidade – despersonalização ou desrealização –, medo de morrer, perder o controle ou ficar louco. Um ataque de pânico geralmente é seguido por medo de se ter outro ataque, o que faz a pessoa evitar situações em que ocorreram os sintomas.

Esses transtornos podem estar sobrepostos entre si e a outros tipos, como depressão, alcoolismo e abuso ou dependência de drogas. Muitas pessoas sofrem desses transtornos e sequer sabem pelo que estão passando. Saber o que se tem é o primeiro passo para melhorar. Ninguém pode tratar aquilo que não conhece. As causas são desconhecidas. Admite-se uma predisposição genética, mas fatores ambientais são grandes colaboradores.

A essa altura você deve estar se perguntando o que pode fazer para lidar com o medo. Quando o problema toma proporções tais e começa a atrapalhar a rotina, principalmente, no caso dos transtornos, chega-se ao ponto de precisar de tratamento especializado. O tratamento de cada transtorno segue protocolos bem definidos e complexos. Os melhores resultados são alcançados aliando tratamento farmacoterápico com psicoterapia.

Nenhuma dica substitui uma psicoterapia realizada por um profissional competente. Mas há algumas estratégias de autoconhecimento e autocontrole, que podem ajudar consideravelmente. Existem técnicas, se o indivíduo se tornar hábil, que podem ajudá-lo bastante a lidar com o medo e a ansiedade, também com outras situações e outros sentimentos que causam sofrimento. Como pretendemos que estes textos sigam uma ordem crescente de aprendizado, começaremos com o que chamamos de psicoeducação básica. São conhecimentos que auxiliam na autoanálise do ser humano. O objetivo é que, com o tempo, cada um se torne seu próprio terapeuta.

É importante entender que o medo, assim como todos os sentimentos, não aparece por acaso, do nada. Todos os sentimentos têm origem nos pensamentos. O que estamos dizendo é que ninguém desenvolve sentimentos, sem desenvolver, primeiramente, pensamentos que os produzam e mantenham. Assim, sentimentos básicos que são: medo, raiva, tristeza, alegria, amor, nojo e surpresa são provocados por pensamentos.

Como disse, anteriormente, o medo surge quando se acredita estar em perigo.

A raiva surge quando se acredita ser injustiçado, restringido, privado ou desvalorizado.

A tristeza é fruto de pensamentos relativos a fracasso, perdas e à separação.

A alegria resulta de pensamentos de competência, segurança e sucesso.

O amor é relativo ao apego, a acreditar que se é aceito e valorizado.

O nojo ou repugnância é fruto de acreditar que algo pode contaminar uma pessoa, trazendo prejuízos à sua saúde.

A surpresa é uma reação correspondente à constatação de algo novo, inesperado, que pode ser bom ou ruim. É um filtro decodificador entre os outros sentimentos.

Ainda existem muitos outros sentimentos, ou muitas emoções, considerados secundários ou terciários, que são fortemente influenciados por aspectos cognitivos e sociais, como decepção, ansiedade, cansaço emocional, esperança, preocupação, solidão, desconfiança, tranquilidade, orgulho, vergonha, confusão, desespero, culpa, saudade, pena e desprezo. É importante nomear os sentimentos, pois não raro encontro pessoas que não sabem descrever o que sentem. Se não sabem o que sentem, muito menos saberão por que o sentem. Todos os sentimentos são produzidos pelos pensamentos. A seu tempo, observaremos as crenças, conjuntos de pensamentos que podem produzir cada sentimento. Aqui nos preocupamos com os pensamentos que produzem medo.

Em psicologia existe algo que chamamos de modelo ABC. O que é isso? É um estudo de situações específicas. No consultório, realizamos, constantemente, esse exercício em conjunto com o paciente, até que ele aprenda a fazê-lo sozinho.

É uma análise, um exame do funcionamento da pessoa em determinadas ocasiões. Para isso, dividimos um acontecimento em três partes:

A – acontecimento, ou evento ativador;

B – pensamentos, crença, interpretação ou avaliação;

C – sentimentos e comportamentos; consequências emocionais ou comportamentais.

Por exemplo, imagine uma situação em que você esteja sentindo medo. Esse é seu sentimento. Se está sentindo medo, em qual situação você se encontra para que isso ocorra? Você pode estar em uma rua deserta, à noite, e acreditar que pode ser assaltado; você pode encontrar-se diante de algo temido, como um cachorro, uma cobra, um escorpião e acreditar que ele pode lhe fazer algum mal; você pode estar diante de uma situação de exposição pública, como falar diante de uma plateia, conversar com uma autoridade e tantas outras ocasiões que possam provocar medo. Imagine as ocasiões em que você costuma sentir medo.

Nesse ponto, já dá para perceber que, em todas as situações citadas acima e, certamente, nas quais você se imaginou, sempre há pensamentos relacionados com algum perigo que você possa estar correndo, ou acredite que esteja. Os pensamentos poderiam ser: "Posso ser assaltado!"; "Esse cachorro vai avançar em mim!"; "Essa cobra vai me picar!"; "Esse escorpião vai me ferroar!"; "Vou dizer alguma coisa idiota e serei ridicularizado!"; e "Essa pessoa é muito importante e vai me achar um imbecil!" Analise as situações de que você sente medo e perceba que, em todas elas, você faz uma interpretação, você acredita que, corra algum perigo em todas elas, e que o medo que experimenta é fruto de sua interpretação. Você pode usar a tabela seguinte:

A = Situação	B = Pensamentos (interpretação)	Sentimentos/Comportamentos
Ex: Estou em uma rua deserta	Posso ser assaltado	Medo/Sair correndo

Para que isso fique mais claro, imagine os seguintes pensamentos no lugar dos descritos acima: "Essa rua é deserta, mas é segura, pois o policiamento aqui é constante"; "Se esse cachorro avançar em mim não há problema, pois ele está amarrado"; "Se eu não chegar perto dessa cobra, ou desse escorpião, eles não farão mal a mim, pois não conseguirão me alcançar"; "Eu me preparei bem para esse discurso e, portanto, conseguirei sair, pelo menos, razoavelmente bem; se por acaso disser alguma coisa idiota, levarei na 'esportiva' e aproveitarei para descontrair a conversa"; e "Essa pessoa é muito importante, mas eu sei conversar com as pessoas e já me saí bem em outras ocasiões". Em todas elas, se você conseguisse mudar o pensamento, com certeza seu medo diminuiria ou até mesmo sumiria.

O que estou propondo aqui não é que você busque formas irrealistas de pensar para diminuir os sentimentos ruins. Bem pelo contrário! Geralmente, o que acontece em situações de medo é a pessoa não avaliar a situação de maneira realista, racional, por isso tem o medo aumentado exageradamente. Quando você consegue trazer a avaliação das situações para a sua realidade, experimenta um medo proporcional à situação. Se é proporcional à situação, então é bom, positivo e o ajuda a ter prudência para enfrentar os desafios futuros. Não são propriamente os eventos que causam as perturbações emocionais; são as interpretações que se fazem deles.

O terceiro modelo é o comportamento, composto pelas reações emocionais e comportamentais. Resumindo: pensamentos geram sentimentos, que geram comportamentos. Nesse conjunto, um componente influencia o outro, formando um círculo vicioso de reforço. Por exemplo: se você tem medo (sentimento) de falar em público e foge da situação (comportamento), porque acredita que vai se sair mal (pensamento), não enfrenta o medo, não comprova que é capaz e conserva os pensamentos negativos a respeito de falar em púbico. Se enfrentasse a situação, preparando-se de forma adequada para a apresentação, poderia diminuir seu medo pela certeza de dominar o assunto. Realizando a apresentação e saindo-se razoavelmente bem, em uma próxima vez desenvolveria menos pensamentos negativos a respeito da situação, pois haveria comprovado, pela prática, que dá conta! Mesmo que não me saia tão bem como gostaria, é preciso compreender que somente a prática leva à perfeição! E, em se tratando de seres humanos, a perfeição não existe...

Dessa forma, percebe-se que o comportamento de enfrentar a situação, enfrentar o medo muda a compreensão, os pensamentos que tinha sobre ela e diminui o sentimento. Medo é assim! Se você enfrenta, ele diminui; se você foge, ele continua ou aumenta! É importantíssimo ressaltar que a exposição às situações geradoras de medo deve ser progressiva e bem calculada, para que não se transforme em um desastre! Se você tem medo de falar em público, não seria prudente enfrentar uma plateia de mil pessoas, sem o preparo adequado. Isso poderia ter resultados traumáticos. Você deveria começar com uma plateia menor, preparando-se, adequadamente, para isso e aumentando o desafio progressivamente. A mesma coisa pode ser feita com outras situações e outros objetos fóbicos.

Para ajudar na reflexão, há três modos de pensar em qualquer situação (B) que faz a pessoa reagir desproporcionalmente (C), impedindo-a de lidar com as situações (A) de forma eficaz. Eles são chamados por Albert Ellis de pensamentos enlouquecedores.

1 – Pensamento catastrófico: essa forma de pensar faz a pessoa enxergar qualquer coisa como se fosse muito mais importante do que realmente é. É a velha "tempestade em copo d'água". Quando adota essa forma de pensar, a pessoa encara as situações como se fossem uma catástrofe. Em qualquer situação, pensa que irá acontecer sempre o pior. Esses pensamentos começam, geralmente, com a frase "E se..." e terminam com uma conclusão do tipo "Seria horrível"; "Eu não suportaria"; "Eu morreria"; "Seria um desastre"; "Eu ficaria tão constrangido que morreria", entre outras. Também frases do tipo "Isso acaba comigo", "Eu odeio quando...", "Eu não aguento quando..." e outras mais fazem parte dessa classe de pensamentos.

2 – Pensamentos absolutistas: esse tipo de pensamento enlouquecedor geralmente começa por afirmações do tipo "Eu devo...", "Eu deveria...", "Eu tenho de...", "Eu preciso...". São obrigações que a pessoa impõe a si mesma e acredita que se não as cumprir estará falhando. É uma autocrítica desproporcional, que causa grande angústia, pois geralmente é impossível de ser alcançada, já que os padrões colocados como meta são muito altos.

3 – Racionalização: esse tipo de pensamento é o oposto dos outros dois. É uma tentativa de reduzir a importância do que acontece, a fim de não experimentar as sensações

desagradáveis que as situações podem causar. Geralmente, manifestam-se na forma de "Quem se importa?", "Grande coisa!", "Isso não me incomoda", "E daí?", dentre outras. Aqui se enquadra o famoso "Não tô nem aí!" Como seria fácil se simplesmente fosse possível dizer isso e reduzir todos os sentimentos ruins a nada. É uma farsa pensar desse jeito, é uma fuga da realidade, que não traz outro resultado senão enganar a própria pessoa. A questão é que sentimentos não assumidos não são resolvidos. Ficam no máximo "engavetados", e, quando a gaveta se abre, esses sentimentos explodem e voam pedaços para todo o lado. Racionalizar não resolve os problemas, eles continuam lá e, certamente, emergem em algum momento.

Algo que pode ajudar bastante em um momento de medo ou ansiedade é a respiração adequada. Existem técnicas de respiração para ajudar a manter a calma, ou diminuir o nervosismo em determinadas situações. Oxigenar o cérebro adequadamente, por meio da respiração, faz com que se diminuam, consideravelmente, os sintomas fisiológicos do medo, como taquicardia, tontura...

Respirar adequadamente é algo que a maioria desaprendeu a fazer. Desaprendeu, pois nasceu respirando de forma adequada. Observe um bebezinho dormindo de barriga para cima. Veja que sua barriguinha levanta e abaixa conforme inspira e expira. Ele quase não mexe o tórax. Isso porque ele respira de forma relaxada e deixa o diafragma fazer o movimento adequado para a respiração. A maioria das pessoas a quem eu peço para respirar em minha frente faz o movimento inverso: trava o abdômen e movimenta o tórax! Uma respiração totalmente tensa, travada. Não adianta querer respirar de forma adequada na hora do medo, se não treinar antes.

Para isso, deite-se de barriga para cima e coloque uma mão no peito e outra no abdômen. Respire profundamente algumas vezes e perceba qual mão se movimenta mais. Provavelmente, será a do peito. Isso significa que sua respiração está tensa e seu diafragma não está se movimentando adequadamente. Imagine o ar entrando pelo nariz, passando pela garganta e indo para a barriga! É claro que ele não vai para a barriga, quando você inspira, ele vai para os pulmões, que ficam no tórax, e o diafragma tem de abaixar para que os pulmões se expandam; quando ele se abaixa, empurra os órgãos para a barriga, que tem de aumentar! Se não, não há espaço adequado para o ar entrar e você levantar o tórax, pois o diafragma está travado. Entendeu?

Pois bem, então faça o exercício, prestando bastante atenção no movimento, e veja que quanto mais relaxado você estiver mais a barriga se movimentará e menos o tórax, que ficará relaxado. Inspire profundamente e solte o ar calmamente, três vezes. Depois, apenas respire calmamente, prestando atenção no movimento das mãos.

Em momentos de tensão, ansiedade ou medo, essa respiração ajuda consideravelmente. Depois de treinar bastante, não precisa se deitar para fazê-la. Quando tiver uma crise de medo ou ansiedade, sente-se em um lugar confortável, ou vá para um lugar reservado e respire profundamente três vezes; depois, apenas preste atenção na sua respiração. Avalie os pensamentos que estiverem causando os sentimentos desagradáveis e traga-os para uma reflexão mais realista, razoável. Se você conseguir fazer isso, com certeza se sentirá bem melhor.

É claro que todo medo exagerado tem uma história. Tem muito a ver com a história de vida de cada um, com vários aspectos da personalidade e da autoestima. Falarei sobre isso em outras oportunidades, pois não seria possível aprofundar tudo aqui. Volto a dizer que nenhuma dica substitui uma psicoterapia. Portanto, se você tem algum transtorno, dos listados anteriormente, procure ajuda profissional. Você pode beneficiar-se muito com um tratamento adequado.

Para cada transtorno específico e para cada pessoa, existem conjuntos de pensamentos que causam os medos. Seria impossível elencar todos em uma lista. Descobrir os pensamentos disfuncionais, em relação ao medo, e também em relação às outras perturbações emocionais, é um desafio a todo aquele que deseja trabalhar-se, ajustando-se melhor à realidade. Não é muito fácil, pois os pensamentos são automáticos, isto é, eles vêm à mente sem que se tenha, a princípio, algum controle sobre eles. Somente após treinar, pode-se começar a controlá-los. Isso é possível e totalmente desejável para quem pretende tomar as rédeas de sua vida. Pois bem, vamos lá!

2
A ansiedade

Dra. Ana Carolina Cabral

A ansiedade costuma nos intrigar e mobilizar quase que diariamente. Muitas vezes ela nos incomoda. No entanto, hoje não é muito claro para boa parte da população o quão saudável pode ser a ansiedade. Isso mesmo: saudável, porque ela nos protege. É por meio da ansiedade que percebemos coisas diferentes daquilo que estamos habituados. A sociedade moderna e atual não está bem treinada para utilizar esse sentimento a seu favor, ao contrário de nossos ancestrais.

Na época dos primatas, a ansiedade atuava como um eficaz radar para sua sobrevivência. Por causa da ansiedade, era possível identificar o risco e avaliar a melhor estratégia para lidar com o perigo iminente, geralmente, as feras. O homem primata, diante das situações ameaçadoras, tinha, na ansiedade, seu aliado radar, que o orientava a lutar ou fugir da presa. Assim, garantia muitas vezes sua vida, seu espaço e seu sustento. Mas a sociedade se modernizou, as feras dos primatas mudaram as faces, e nós, como não aprendemos a empregar a ansiedade nos dias atuais, só sentimos seus sintomas, sem sabermos como convertê-los em estratégias de enfrentamento. Logo, ansiedade se relaciona com a percepção de nosso potencial para lidar com as coisas.

Ela envolve uma espécie de sistema de retroalimentação da percepção que temos de nós mesmos que vai, ao longo de nossa vida, formando aquilo que chamamos de autoestima.

Quando estamos ansiosos, acionamos dois centros cognitivos de base: nossa percepção de ameaça e nossa percepção e autoavaliação de potencial para lidar com aquela situação. No entanto, assim como lá trás, uma avaliação inadequada de risco potencializará a ansiedade, uma vez que nos sinalizará indefinição de estratégias de enfrentamento.

Uma pessoa se vê em uma situação nova, pensa que não possui repertório para enfrentá-la e que, por não possuir esse repertório, não é capaz de lidar com tal situação. Nesse momento, o "centro da autoestima" é bombardeado com informações derrotistas e negativistas, e essa pessoa não identifica seus potenciais para enfrentar o problema. Geralmente, nesse estágio, as pessoas costumam ficar à mercê dos sintomas ansiosos, muitas vezes enfrentando seus problemas com muito sofrimento e até muita dor.

Talvez, a grande vilã não seja efetivamente a ansiedade, mas sim seu uso inadequado. Perceber as situações desafiantes não significa impotência diante da situação, significa desafio. E para lidar com desafios, é preciso estratégia. O tratamento da ansiedade não pode resumir-se ao alívio de sintomas, isso seria em vão. Logo esses sintomas retornariam. É muito mais complexo: precisa mexer com a autoestima, com a percepção de riscos, com relaxamentos, com a autoimagem e com o enquadre real das situações desafiadoras. É isso que a Terapia Cognitivo-Comportamental propõe: um olhar para dentro e para fora, buscando alinhar a adequação do indivíduo em seu todo, nos pensamentos, sentimentos e nas ações acerca de si, do outro e do meio que o cerca.

3
Não temas!

Pe. Reginaldo Carreira

"Eu creio em Deus, que o meu caminho iluminou, que a minha vida transformou, feliz eu sou!" Esse é um verso de uma canção religiosa muito conhecida! Cantá-la é fácil, mas vivê-la... aí é que são elas...!

Vivemos em um tempo tão conturbado: terrorismo, desastres naturais, correria, dificuldades financeiras, corrupção, quase todo mundo estressado... meu Deus! Vamos parar por aqui senão você desanima! O fato é que a vida não está fácil.

Bem, se olharmos para tudo isso sem fé, não só será difícil, será insuportável. Já nos diz nosso Mestre: "A vitória que vence o mundo é a nossa fé!" (1Jo 5,4). E essa é uma bela verdade. Podemos viver as piores dificuldades, mas, quando temos uma fé sincera e forte, nada nos abala. Não é enfeitar a realidade dura que está por aí; é vê-la por outro ângulo: o da esperança, o da confiança em Deus, o da certeza de que "tudo concorre para o bem daqueles que amam a Deus" (Rm 8,28). Esperança! Sim, temos esperança, somos fortalecidos pela esperança de que Deus continua confiando na humanidade e amando-a. É essa esperança que nos ajuda a vencer o medo, que nos incentiva a confiar que "Ele está no meio de nós!" (Jo 1,14).

Por isso, coragem! Se você vive um "tempo complicado", não desanime, vença pela fé! Se nesses tempos seus problemas têm lhe sufocado, calma! Deus é fiel e lhe sustentará... Até a ciência comprova que o doente que tem algum tipo de crença se recupera melhor do que aquele que não crê. "Não temas" é uma frase constante na Palavra de Deus! Isso porque a fé supera o medo, e a fé, vivida em comunidade, supera mais ainda, pois "o amor (que se concretiza na comunidade) lança fora o temor!" (1Jo 4,18)

Esperança? Sim, nós a temos; e tem nome: Jesus! A vida comunitária alimenta a esperança e livra do medo! Na verdade, o papa Francisco tem incentivado muito a vida em comunidade com a chamada Cultura do Encontro. Nada substitui o encontro de fato, o olhar nos olhos de verdade e o sentir que se está sendo ouvido e acolhido por um irmão. Nada substitui o encontro, que nos permite acolher o outro e evangelizar pelo amor concreto e presente de um abraço forte, verdadeiro e sincero; um abraço que tem jeito de família e que remete ao Pai! Se isso não for feito, seremos engolidos pela pressa e pela ansiedade próprias do nosso tempo. Estamos no mundo, mas não somos do mundo (cf. Jo 17,11-16). Podemos fazer diferente e ser diferentes! Podemos "acessar" nossa espiritualidade para gerar vida cristã e fraterna realmente eficaz e profética em nossa sociedade.

"Ide, sem medo, para servir" – dizia o papa Francisco na Missa de Envio da Jornada Mundial da Juventude, no único dia de sol de toda a jornada, sinalizando a luz de Cristo, que havia invadido o coração e a mente de todos que puderam vivê-la pessoalmente ou pelos meios de comunicação.

Concluo com um exemplo de vitória sobre o medo por meio da vida comunitária e da fé. É o resumo de um texto, anônimo, escrito após uma grande enchente, ocorrida na Argentina, e com as consequentes e benditas ondas de solidariedade, que revigoram a humanidade:

COMEÇAR DE NOVO – "Eu tinha medo da escuridão. Até que as noites se fizeram longas e sem luz. Eu não resistia ao frio facilmente. Até passar a noite molhado em uma laje. Eu tinha medo dos mortos. Até ter que dormir em um cemitério. Eu tinha rejeição por quem era de Buenos Aires. Até que me deram abrigo e alimento. Eu tinha aversão a Judeus. Até darem remédios aos meus filhos. Eu adorava exibir minha nova jaqueta. Até dá-la a um garoto com hipotermia. Eu escolhia cuidadosamente minha comida. Até que tive fome. Eu desconfiava da pele escura. Até que um braço forte me tirou da água. Eu achava que tinha visto muita coisa. Até ver meu povo perambulando sem rumo pelas ruas. Eu não gostava do cachorro de meu vizinho. Até naquela noite eu o ouvir ganir até se afogar. Eu não lembrava dos idosos. Até participar dos resgates. Eu não sabia cozinhar. Até ter na minha frente uma panela com arroz e crianças com fome. Eu achava que a minha casa era mais importante do que as outras. Até ver todas cobertas pelas águas. Eu tinha orgulho de meu nome e sobrenome. Até todos se tornarem seres anônimos. Eu não ouvia rádio. Até ela manter a minha energia. Eu criticava a bagunça dos estudantes. Até que eles, às centenas, estenderam-me suas mãos solidárias. Eu tinha segurança absoluta de como seriam meus próximos anos. Agora nem tanto. Eu vivia em uma comunidade com uma classe política. Mas agora espero que a correnteza tenha levado embora. Eu não lembrava o nome de todos os estados. Agora guardo cada um no coração. Eu não tinha boa memória. Talvez, por isso, eu não me lembre de todo mundo. Mas terei mesmo assim o que me resta de vida para agradecer a todos. Eu não o conhecia. Agora você é meu irmão. Tínhamos um rio. Agora somos parte dele. É de manhã, já saiu o sol e não faz tanto frio. Graças a Deus. Vamos começar de novo."

Parte 3
Eu Te Amo!
(Autoestima e Assertividade)

1
O que é autoestima? Como está a sua?

Pe. Rodrigo Simões

Creio que todos já tiveram ou têm alguma dificuldade com autoestima. Ela é como um diamante, que deve ser lapidado, talvez a vida toda, para chegar à sua melhor forma. Ainda não encontrei ninguém que tivesse uma autoestima totalmente adequada. Afinal, não existe um ser humano totalmente adequado, concorda? Existem pessoas mais ou menos, suficientemente equilibradas, funcionais, razoáveis. Ninguém é perfeito!

Em quase todos os meus atendimentos, seja como sacerdote ou psicólogo, observo pessoas sofrendo, de alguma forma, com a imagem que criaram de si. Em alguma área da vida, na profissional, amorosa, financeira, sexual, social, como pai ou mãe, em relação à própria aparência, ou outras, alguém quase sempre encontra dificuldades de enxergar-se competente e valoroso, ajustado, portanto, feliz. Em alguns casos, vejo pessoas infelizes em quase todas as áreas, o que, com certeza, é muito grave.

Quando alguém tem dificuldades em áreas específicas da vida, como as descritas acima, dizemos que tem um problema situacional com a autoestima. Quando é geral, em várias áreas ao mesmo tempo, dizemos que o problema é caracterológico.

Neste ponto de nossa reflexão, já podemos ter uma vaga compreensão do que seja autoestima. Para que possamos melhorar a nossa, vale defini-la mais precisamente. Como o próprio nome diz, refere-se à estima, ao afeto, ao bem-querer, ao gostar, ao desejar bem, ao admirar, ao cuidado, ao carinho, à responsabilidade, ao zelo, à confiança, ao respeito, à torcida positiva que temos para com ninguém menos, que nós mesmos!

Pare e pense bem sobre cada palavra acima e reflita, perceba com sinceridade o quanto você sente de cada uma! Faça esse exercício e terá uma ideia de como está sua autoestima.

Nós formamos nossa identidade por meio das experiências que somamos na vida. E vamos atribuindo valor a ela, também de acordo com as experiências, definindo quem nós somos e se gostamos ou não de nós. Isso é autoestima. Um valor positivo ou negativo que atribuímos a quem acreditamos ser. Não gostar de algumas partes de nós – ou do todo – pode provocar rejeição dessas partes, então o problema começa. O autojulgamento e a autorrejeição causam grande sofrimento. A partir daí fazemos de tudo para proteger essas feridas.

Podemos adotar vários tipos de comportamentos, a fim de esconder as partes de nós que julgamos que seriam reprovadas pelos outros. Sim! Se não gostamos de algo em nós, acreditamos que as pessoas também não vão gostar. A partir disso, tentamos esconder o que consideramos digno de vergonha.

Podemos nos fechar, fugindo de situações de exposição: assumirmos cada vez menos riscos, evitarmos conhecer pessoas, limitarmos nossa capacidade de expressão. Também podemos buscar superar os limites que julgamos ter, fazendo um esforço cada vez maior para sermos excelentes em algo, buscando a perfeição, caindo no perfeccionismo. Se a frustração for muito grande, por não conseguirmos esconder o que gostaríamos, podemos apelar aos vícios, como forma de fugir da dor da rejeição. As possibilidades são inúmeras.

Algo que pode nos ajudar a começar a tomar consciência de como nos enxergamos é observar os outros, a comparação que fazemos de nós com outras pessoas. Também por isso a vida de comunidade é tão importante. O outro serve como referência, como espelho para nós. O que um espelho faz? Reflete a imagem daquilo que está à nossa frente. Você pode estar pensando que essa é uma pergunta muito óbvia! Mas não parece tão óbvio assim, quando pensamos no próximo como um espelho.

Por que, em alguns casos, admiramos tanto algumas pessoas e temos tanta dificuldade em admirar a nós mesmos? Ou o contrário... por que desprezamos tanto alguns e supervalorizamos outros aspectos nossos? Problemas com a autoestima!

Quando admiramos excessivamente alguém, é porque enxergamos nessa pessoa qualidades, ou algo que julgamos qualidades, que gostaríamos de ter. Veja que "enxergar", nesse caso, não significa que o outro realmente tenha essas qualidades. Muitas vezes, só as vemos por prestigiar aquela pessoa.

O que vemos é o que alguns chamam de efeito espelho. Já vi gente surtar quando disse isso! Lembro-me de uma paciente que colocava mil defeitos em uma pessoa. Ela fez uma descrição perfeita de si mesma ao elencar as falhas da outra. Quando eu lhe expliquei o que era efeito espelho, ela levantou da poltrona e, com o indicador apontado para mim, esbravejou: "Eu nunca vou aceitar o que você está me dizendo! Você pode me convencer de inúmeras coisas, mas isso eu não admito!" Claro que, no momento, resignei-me. Mas, alguns meses depois, imagine: ela estava reconhecendo em si várias falhas que havia apontado na outra pessoa! Deleitei-me com várias gargalhadas... por dentro! Sem que ela percebesse...

No começo, quando meus pacientes não concordavam com o que eu dizia, eu ficava preocupado, pensando que eu não era um bom terapeuta ou que havia errado na análise. Mas, depois, percebi que quanto mais certeiro o tiro mais alguns resistiam à verdade. Verdade dói? Não! Verdade liberta! Quebra o orgulho! E o orgulho de alguns é tão grande, mas frágil; quando começa a ruir, faz um estardalhaço! E o barulho é feio!

Por isso muitos não gostam da psicologia. Com o Evangelho é a mesma coisa; alguns ficam apenas com as partes que lhe incomodam menos... E você? Como vai sua autoestima? O que faz para melhorá-la? A melhora da autoestima segue um caminho longo de autoconhecimento. Tem muito a ver com nossa história de vida, com os modelos que adotamos e com os reforços que recebemos, ou não... Algumas dicas podem nos ajudar.

Já vimos que tentar esconder as partes de nós que julgamos não serem boas, dignas de admiração não resolve o problema, pois fazemos cada vez esforços maiores, no sentido de disfarçar nossas possíveis imperfeições ou superar nossos limites, buscando destaque cada vez maior em alguma área. Os sentimentos de incapacidade ou de imperfeição continuam os mesmos... E onde começam os sentimentos? Nas crenças.

Já sabemos que os sentimentos são criados pelos pensamentos. Já vimos, no texto sobre o medo, que sentimos e nos comportamos de acordo com nossas interpretações da realidade e de nós mesmos!

O que complica as coisas é que, geralmente, essa interpretação é equivocada, irracional, disfuncional.

Se fosse sempre realista, sofreríamos na medida certa e com o que realmente importa. Então... O segredo está em avaliar se os pensamentos que desenvolvemos a nosso respeito são funcionais. Será que as crenças que desenvolvemos e conservamos a respeito de nós são realistas? São verdadeiras? São racionais? É por aí que começamos uma caminhada rumo a uma autoestima melhor, descobrindo como nos enxergamos e se isso é coerente.

Parece, mas não é uma tarefa fácil. A visão que temos de nós mesmos não é clara. Distorcemos os pensamentos o tempo todo. Principalmente, aqueles que julgamos nos trazer maior sofrimento. É como se usássemos óculos com lentes embaçadas, que, ao invés de melhorar a visão, a confundisse.

Algumas pessoas demonstram ser muito bem resolvidas, mas um olhar mais apurado consegue captar o que as aparências se esforçam para esconder: uma baixa autoestima, senão péssima. Quando pergunto a alguns como se descreveriam, ouço que são fortes, inteligentes e capazes; depois de algum tempo, analisando calmamente, percebo que escondem profundos sentimentos de inferioridade e insegurança. Geralmente, quem gosta de "contar muito papo de si" está escondendo alguma fraqueza. Quem é seguro de si não precisa fazer autopropaganda constante, não precisa de muito "confete"!

Deve ter gente se "arrepiando" com esse assunto! Confesso que me divirto.

Quem você pensa que é? É a partir daí que nos posicionamos no mundo, que enfrentamos ou fugimos das situações de desafios. Se cremos que somos fortes, preparados para algo, enfrentamos! Se cremos que somos fracos, despreparados, fugimos, ou nos paralisamos. Se cremos que os outros irão gostar de nós, conseguimos nos expor. Senão, escondemo-nos. Pergunto, novamente, quem você pensa que é? Quem disse isso a você? De onde você "tirou" esses pensamentos? Será que são verdades?

Isso tem tudo a ver com o estilo de pais ou cuidadores que tivemos. Nossas primeiras referências são as pessoas que fizeram, em nossa vida, o papel de pai e o de mãe. Digo assim, pois nem todos foram criados pelos pais biológicos.

Sabemos que diferentes modelos de cuidadores trazem diferentes consequências no desenvolvimento das crianças. Depois que elas crescem, conservam as referências da infância. E aqui estamos nós, pensando, por meio de conceitos criados, em quando ainda éramos pequenos. A visão de mundo, de si e do outro é construída até, mais ou menos, os sete anos de idade. O problema é que muitos adultos conservam as imagens que formaram nessa fase; não reeditam a compreensão que fizeram da realidade, de si mesmos. E nisso sempre há muitas distorções.

Na grande maioria, os pais fizeram o seu melhor para os filhos. Mas, como não há escola de pais e cada filho tem sua própria personalidade, pode haver muitos equívocos nessa educação, pois os dois aprendem por acertos e erros. Sofremos as consequências dos enganos de nossos cuidadores e dos nossos próprios enganos, porque nós também fizemos interpretações falhas, distorcidas do cuidado que recebemos. Em quantas situações fomos amados e não percebemos, porque não entendíamos como o amor, o cuidado que recebíamos? Quantas vezes assumimos responsabilidades que não eram nossas? Quantas vezes acreditamos que as pessoas que amamos estavam bravas conosco, por alguma falha nossa, quando, na verdade, estavam preocupadas com outros problemas que não tinham nada a ver conosco? E fomos crescendo assim, fazendo interpretações que tiveram um impacto extremamente forte na formação de nossa autoestima e personalidade.

Faça uma revisão de sua vida, de sua história e procure perceber o tipo de educação que teve, e, ainda, a forma como compreendeu seus pais e a si mesmo. Pense sobre a influência que tudo isso tem sobre a forma como você se enxerga.

São questões complexas, que serão discutidas a seu tempo, em outras oportunidades. Aqui, apenas as cito, para termos um panorama dos pontos principais que envolvem a autoestima. Algumas dicas podem nos auxiliar em uma primeira abordagem sobre nossa autoestima. Vamos lá...

O quanto a opinião do outro é importante para nós? Muitos dizem não estar nem aí para o que os outros pensam, mas isso nem sempre é verdade! O que geralmente ocorre é que nos preocupamos muito com a opinião dos outros a nosso respeito. É claro que não há problema nenhum em querer ter uma boa imagem. Isso é desejável e bom. Mas será que viver em função do outro, pensando o tempo todo se estamos agradando ou não, é saudável? Será que precisamos ser aceitos para acreditarmos que temos realmente valor?

O quanto somos exigentes conosco? Altos graus de exigência podem esconder profundos sentimentos de incompetência. Quem busca a perfeição em tudo o que faz coloca um padrão de qualidade impossível de se alcançar. Ser bom em algo é uma coisa. Ser perfeito é completamente outra! Ninguém é perfeito e nada será perfeito. Somente Deus é perfeito! Nós buscamos a santidade, e ela não significa perfeição. Ao contrário, os santos foram aqueles que assumiram suas imperfeições e confiaram na Graça de Deus; por essa Graça, carregaram sua cruz e chegaram ao céu. Desarmemos nosso crítico interior; ver defeito em tudo o que fazemos não é excelência, é perfeccionismo, e isso rouba totalmente nossa paz e nossa realização.

Quais pensamentos negativos você conserva sobre si? Faça uma lista. Perceba no dia a dia o quanto você se critica, despreza, condena. Observe quais pensamentos lhe ocorrem quando você erra ou se sente exposto. Se forem muito negativos, brigue com esses pensamentos, questione-os, duvide deles! Quem convenceu você disso tudo? Será que é verdade, mesmo?

Faça uma autoavaliação precisa, enumerando seus pontos fortes e fracos. Celebre seus pontos fortes e trace uma estratégia para fortalecer os fracos. Perceba que não há necessidade de ser bom em tudo. Tenha maior compaixão com você. Permita-se errar. Assuma suas fragilidades com amor.

É a partir daí, da consciência de nossos limites, que podemos superá-los. E alguns nunca serão superados; apenas poderemos aprender a conviver com eles; o que não nos faz nem mais nem menos que os outros, apenas nos mostra que todos somos humanos. Enxergar, aceitar e perdoar nossas falhas é fundamental para desenvolvermos uma boa autoestima. Também é fundamental enxergar, aceitar o outro e perdoar-lhe. São processos paralelos.

Cuidado com os pensamentos absolutistas: "Tenho que ser perfeito!"; "Tenho de acertar sempre!"; "Não posso errar!" Também com os pensamentos catastróficos: "Seria horrível se eu fracassasse!"; "Seria terrível se as pessoas pensassem mal de mim!"; Seria insuportável se as pessoas percebessem meus pontos fracos!"

Encaremos os erros como oportunidades de autoconhecimento e crescimento.

Segundo Albert Elis, pai da Terapia Racional Emotiva Comportamental, há uma série de pensamentos que devemos analisar com cuidado. São eles:

1. É extremamente necessário sermos aprovados por todos, em tudo o que fazemos.
2. Certos atos são terríveis e pecaminosos, por isso devem ser severamente punidos.
3. É horrível quando as coisas não estão exatamente do jeito que gostaríamos que fossem.
4. Nossas desgraças são causadas por pessoas e (ou) eventos externos.
5. Se alguma coisa pode ser perigosa ou amedrontadora, devemos ficar extremamente perturbados por isso.
6. É mais fácil evitarmos do que enfrentarmos as dificuldades da vida e nossas próprias responsabilidades.
7. Sempre precisaremos de alguém mais forte do que nós para nos apoiarmos.
8. Devemos ser absolutamente competentes, inteligentes e merecedores de todo respeito.
9. Porque algo afetou fortemente a vida de alguém um dia, vai continuar a afetá-la indefinidamente.
10. Devemos ter controle absoluto e perfeito sobre todas as coisas.
11. A felicidade humana pode ser adquirida por meio da inércia e inação.
12. Praticamente, não temos nenhum controle sobre as próprias emoções. Não podemos controlar as emoções que certos eventos nos causam.

Qualquer um dos pensamentos acima são perigosos. A questão é que algumas pessoas têm essas crenças e não admitem, pois sabem que não deveriam pensar assim. Mas, no fundo, pensam. Eu já apliquei esse inventário em alguns pacientes que negaram todas as afirmações, mas, durante a terapia, foram apresentando várias delas. Faça um teste: pense sobre cada afirmativa e, com sinceridade, procure observar no dia a dia o quanto você acredita e pauta sua vida nesses pensamentos.

Por que esses pensamentos não são bons? Porque são exagerados, deterministas. Não ajudam a ter uma boa imagem de si mesmo, nem no relacionamento com os outros. Se você apresentar três ou mais, existe uma grande chance de ter uma autoestima pouco adequada e sofrer por isso.

Nosso objetivo é transformar as crenças anteriores em formas de pensar mais realistas, como, por exemplo:

1. É extremamente necessário para um ser humano ser aprovado por todos, em tudo o que faz.

– Seria bom sermos aprovados nas coisas que fazemos, mas, quando isso não acontece, não é o fim do mundo!

2. Certos atos são terríveis e pecaminosos, por isso devem ser severamente punidos.

– Certos atos não são bons, por isso devem ser corrigidos. As pessoas erram, porque agem sem pensar, porque são imaturas, porque se precipitam, porque são ignorantes, não porque sejam más. E, por isso, merecem ser perdoadas. Ninguém nasceu sabendo.

3. É horrível quando as coisas não estão exatamente do jeito que gostaríamos que fossem.

– Dificilmente, as coisas serão exatamente do jeito que gostaríamos. Podemos alcançar bons resultados. Podemos alcançar algum controle sobre certas coisas, mas é impossível que tudo seja exatamente como gostaríamos.

4. As desgraças do ser humano são causadas por pessoas e (ou) eventos externos.

– As desgraças do ser humano podem ser causadas por eventos externos, mas também por nós mesmos. Tudo depende de como nós interpretamos os fatos, as coisas que acontecem. Mais importante do que o fato em si, é a interpretação que fazemos das coisas.

5. Se alguma coisa pode ser perigosa ou amedrontadora, deve-se ficar extremamente perturbado por isso.

– A preocupação exagerada aumenta o sofrimento e não resolve o problema. A perturbação é fruto de uma interpretação catastrófica. Podemos transformar a perturbação em um desconforto, dependendo de como encaramos as coisas.

6. É mais fácil evitar do que enfrentar as dificuldades da vida e as próprias responsabilidades.

– É como rolar uma bola de neve, pensar assim. Quanto mais evitamos um problema mais ele se avoluma. Enfrentar pode não ser agradável, a princípio, mas é o único caminho para andarmos para frente e evoluirmos.

7. As pessoas sempre precisam de alguém mais forte do que elas próprias para se apoiar.

– É bom quando podemos contar com o apoio das pessoas, mas isso não é extremamente necessário em todas as situações. Há situações em que podemos e devemos enfrentar sozinhos, pois temos condições para isso. Quem se apoia em alguém para tudo acaba se tornando dependente do outro. Se tirar o apoio, cai. Ajuda é melhor que apoio.

8. Deve-se ser absolutamente competente, inteligente e merecedor de todo respeito.

– Seguir essa obrigação é como colocar um fardo pesado demais nas costas, impossível de ser carregado. Ninguém consegue ser assim o tempo todo. Como seres humanos, estamos suscetíveis a falhas. Por melhor que sejamos, não iremos agradar a todos; por mais competentes e inteligentes que formos, não iremos conseguir o respeito de todos. Isso é impossível.

9. Porque algo afetou fortemente a vida de alguém um dia, vai continuar a afetá-la indefinidamente.

– Existem situações que marcam profundamente nossa vida, mas tudo é possível de ser superado, até os piores acontecimentos. Viver em função de algo que já passou é uma decisão, não uma necessidade.

10. Deve-se ter controle absoluto e perfeito sobre todas as coisas.

– É outra ilusão que muitos perseguem. Pode-se ter algum controle sobre algumas coisas.

11. A felicidade humana pode ser adquirida por meio da inércia e inação.

– Inércia e inação são posturas que frustram, não realizam.

12. Não se tem praticamente nenhum controle sobre as próprias emoções. Não podemos controlar as emoções que certos eventos nos causam.

– O que observamos é exatamente o contrário. Podemos ter muito controle sobre o que sentimos, pois os sentimentos, como já sabemos, são controlados pelos pensamentos, que, com certeza, podem ser mudados.

Como já disse, a autoestima é algo complexo, que depende de um autoconhecimento profundo para ser trabalhado, melhorado. As dicas anteriores nos dão pistas em que devemos focar para começarmos um trabalho nessa área.

Conhecer-nos é um desafio instigante, justamente, porque é muito difícil ter uma visão clara de quem nós somos. Ainda porque estamos constantemente em evolução...

Então, mãos à obra!

2
Assertividade: o que é? Como fazer?

Dra. Ana Carolina Cabral

Entende-se por autoestima a qualidade de quem se valoriza, contenta-se com seu modo de ser e demonstra, consequentemente, confiança em seus atos e julgamentos. Essa palavra é bastante frequente em todas as vertentes e atuações da saúde mental. Aceitar-se e respeitar-se em suas virtudes e dificuldades é sinal de saúde mental. Implica autoconhecimento, mas não é, não foi e nunca será um processo tranquilo.

Primeiramente, é importante ressaltar que autoestima não se resume à autovalorização. Compreende o conhecimento acerca das dificuldades, falhas e dos defeitos propriamente ditos. É também conhecer as facilidades, virtudes e qualidades e, ainda, conseguir acolher-se, cuidar-se e se posicionar socialmente a partir desse autoconhecimento e manejo.

Esse processo não tem um fim, ele se forma ao longo da vida e, na verdade, está constantemente em desenvolvimento. É esperado que, na vida adulta, o indivíduo tenha desenvolvido seu autoconceito, ou conceito elementar sobre si mesmo. Nem sempre se pode esperar que os novos adultos saibam manejar, de forma adequada, potencialidades e dificuldades. Sabe-se que as crenças funcionais ou disfuncionais que o indivíduo possui atuarão no desenvolvimento da autoestima e poderão auxiliá-lo em sua convivência social. Para tal, é preciso conseguir se delinear socialmente. Ou melhor, é preciso aprender a ser assertivo. Ser assertivo, afinal, é uma demonstração de amor próprio.

Assertividade deriva da palavra "asserto", que significa uma proposição decisiva. Trata-se de uma competência emocional que determina que um indivíduo é capaz de tomar uma posição clara, consegue afirmar o seu eu e a sua autoestima, demonstrar segurança e saber o que quer e qual alvo pretende alcançar. Normalmente, a assertividade está relacionada com a maturidade, alguém que assume as rédeas de sua vida. Vale ressaltar que assertividade não implica que uma pessoa esteja certa ou errada, mas indica que a pessoa anuncia e defende suas ideias com vigor e respeito pelo ouvinte. Um bom termômetro da assertividade pode ser o resultado que o falante obteve com sua ação. Um bom exemplo de assertividade foi Jesus Cristo. Em muitas passagens bíblicas, Ele se pronunciou com clareza tal que, apesar de, em alguns momentos, serem difíceis as palavras, Ele foi compreendido em seu propósito. Quando, naquela passagem, Jesus disse "quem não tem pecado atire a primeira pedra", foi uma máxima assertiva.

Se pudéssemos olhar apenas pelos olhos da Psicologia, veríamos um homem que tinha muito conhecimento de si, das variáveis sociais que o cercavam, que sabia das consequências das possibilidades de resposta. Ainda tinha claro seus conceitos acerca de Deus, de suas leis, daquela mulher a ser linchada, do linchamento em si etc. E Ele escolheu lançar um desafio, e não um discurso explicativo ou defensivo para expor seu ponto de vista. Por meio da simples frase, Ele ensinou, compartilhou, perdoou e, acima de tudo, defendeu seu conceito de caridade para com a humanidade. Ele utilizou as crenças e os conceitos que tinha, para chegar a seu objetivo.

Talvez alguém possa pensar que ser assertivo é algo inatingível. Mas não é. Amar-se é possível, não é? É uma questão de escolha e aprendizado. Em alguns casos, de treino. Inclusive, o treino de assertividade é bastante comum nos consultórios de psicologia, porque para ser assertivo é necessário passar por algumas fases:

1. Autoconhecimento sobre si, os outros e o meio. A partir daquilo que, na abordagem cognitivo-comportamental, dizemos ser as crenças e os conceitos acerca das regras sociais, de suas potencialidades e dificuldades, o indivíduo pensará e, consequentemente, sentirá e agirá. Se a autoestima está positiva, o indivíduo sabe quem é, reconhece e respeita seus potenciais e limitadores.

2. Avaliação das formas de expressão cabíveis ao momento. Quanto às formas de expressão, o indivíduo pode ser assertivo, não assertivo ou agressivo. O quadro abaixo visa explicar a diferença de maneira sucinta:

Expressão	Descrição do comportamento	Sentimentos	Sentimentos dos outros sobre eles mesmos	Sentimentos dos outros sobre você
Não assertivo (ou passivo)	Emocionalmente desonesto, indireto, negativo e inibido	Mágoa, angústia, ansioso no momento e depois irritação	Culpados ou superiores	Penalizado, irritado e desgostoso
Assertivo	Emocionalmente honesto, gratificante, apropriado	Confiança e respeito	Respeitados	Respeito
Agressivo	Honesto, mas inapropriado	Justo e superior, depreciativo ao outro, culpa posterior	Mágoa, sentem-se humilhados	Irritado e vingativo

3. Percepção das consequências de ação. Cabem aqui as crenças referentes ao reflexo das ações e dos pensamentos da pessoa sobre os outros. Algumas pessoas supervalorizam o outro e a consequência de suas ações sobre este. Mas também existem pessoas que subdimensionam ou até consideram nulos os efeitos das ações tomadas.

4. Execução assertiva, propriamente dita. Para a expressão em si, detalhes até mesmo da postura corporal auxiliam essa atividade e esse processo. Da mesma maneira, a entonação da voz ou as expressões da escrita serão determinantes para o sucesso da ação assertiva.

5. Manejo das consequências. Uma vez que nem toda atitude assertiva implica estar certo, suas consequências serão as mais variadas. Manejar as consequências é também um treino de enfrentamento.

Enfim, ser assertivo é algo que se desenvolve aos poucos, mas é determinante na atuação social do indivíduo e pode favorecê-lo muito.

É muito importante quando o indivíduo consegue se expressar e permite a expressão do outro. Na assertividade, a pessoa pode trabalhar e desenvolver sua autoestima e ir além. Pode praticar o autorrespeito, o amor próprio e, assim, sentir-se reforçada por si mesma; aprender e possibilitar a troca de informações, estreitar laços. Não é uma obrigação, apesar de ser necessário. Ser assertivo é uma escolha sempre.

3
Mais capaz de amar

Pe. Reginaldo Carreira

Crer é dom e escolha: ser batizado e crismado é firmar (aceitar...) uma aliança com Jesus, é ser mergulhado na vida divina, reconquistada pelo sangue de Jesus; é associar nossa vida à sua vitória. Precisamos dar um salto de qualidade na nossa fé: ter uma fé madura, consciente, coerente, não conivente ou carente; efetiva e afetiva, não apenas emotiva; fé com "garra" seguindo o exemplo dos cristãos das primeiras comunidades, que morriam pela fé!

Acreditamos que Jesus continua curando-nos de todas as nossas enfermidades, sejam elas físicas, psíquicas ou espirituais. Para isso, nós entendemos que quanto mais conhecemos a nós mesmos, pelas oportunidades que a vida nos dá para nos amadurecermos, pela ajuda dos irmãos de comunidade, pelo conhecimento adquirido ao longo da vida, ou ainda pelo conhecimento das ciências humanas, como a psicologia, temos mais capacidade de dar passos concretos para a cura do nosso interior.

Jesus opera milagres por compaixão, *porque ama o povo*: realiza milagres também para ajudar-nos a crer. Realiza curas, enfim, para anunciar que Deus é o Deus da vida e que ao final, junto com a morte, também a enfermidade será vencida, e "já não haverá luto nem pranto". O poder e o amor de Jesus podem nos libertar; Ele pode retirar nossos "bloqueios", é sua missão messiânica (Mt 11,3-5). Ele é o mesmo de ontem, hoje e sempre: cura e liberta hoje! Você crê?

Não só Jesus cura, mas ordena seus apóstolos a fazerem o mesmo: "Enviou-os a anunciar o reino de Deus e a curar os enfermos" (Lc 9,2); "Pregai que o reino dos céus está próximo. Curai enfermos" (Mt 10,7-8). Sempre encontramos as duas coisas juntas: *pregar o Evangelho e curar os enfermos*.

> O homem tem *dois meios* para tentar superar suas enfermidades: *a natureza e a graça*. Natureza indica a inteligência, a ciência, a medicina, a técnica; graça indica o recurso direto a Deus, por meio da fé, da oração e dos sacramentos. Estes últimos são os meios que a Igreja tem à disposição para "curar os enfermos" (Frei Raniero Cantalamessa, janeiro de 2005).

Anunciam-se e exaltam-se as curas físicas, mas creio que o grande milagre se dá em um coração em processo de conversão, curado interiormente. Entendemos que a cura interior é prioritariamente a libertação do pecado, mas abrange também outros aspectos: a aceitação de nossa história de vida, especialmente de momentos traumáticos e dolorosos; o perdão de toda e qualquer mágoa que possa nos afligir; a reconciliação com pessoas do presente e do passado; e tantas outras coisas que estão em nosso interior.

Existem diversos caminhos espirituais para isso, dentre eles o sacramento da confissão, que é chamado de sacramento de cura, a leitura orante da Palavra de Deus e a oração uns pelos outros.

Os pais podem e devem pedir a cura interior para seus filhos, os filhos para seus pais e seus amigos. Um coração curado de verdade, tocado pela fé sabe amar a si mesmo e ao irmão como ele é! Talvez o amar a si mesmo seja um dos passos mais difíceis e mais necessários nesse processo! Essa atitude fortalece a autoestima, educa a alma e impulsiona um melhor posicionamento diante da vida, com assertividade, maturidade e sem vitimizações.

Desejo que nosso coração seja mais capaz de amar! Só assim seremos misericordiosos como nosso Pai é misericordioso!

Jesus, manso e humilde de coração, fazei o nosso coração semelhante ao vosso! E dai-nos sempre um coração jovem!

Parte 4
Por que comigo?
(Frustração e Depressão)

1
Frustração e depressão

Dra. Ana Carolina Cabral

A frustração não é uma doença, mas é considerada uma das mais fortes bases cognitivas da depressão. É um fenômeno universal e, sendo assim, ocorre a todas as pessoas conscientes. Os dicionários apontam ocorrer frustração quando: se quer fazer algo, mas não se faz; se quer algo, mas não consegue; se é possível realizar algo, mas isso não se realiza. Ou seja, frustração implica lidar com contrariedades e adversidades da vida, é um repertório de base que não é restrito a faixas etárias, à escolaridade ou a status social: é para todos.

Atualmente, as pessoas aliam a felicidade a não frustração; a todo tempo e custo buscam não se frustrar. No mundo em que vivemos, é comum a ideia fixa, ou a crença disfuncional, como diria Albert Ellis, o fundador da Terapia Racional Emotiva Comportamental, de que tudo podemos e de que as coisas devem ser como desejamos. A crença de que temos de ter e fazer as coisas a nossa maneira, como se realmente pudessem ficar sob nosso controle, é, a cada dia mais, reforçada em nossa sociedade, como se essa fosse a condição para ser feliz. Uma das razões disso pode ser o imediatismo da sociedade moderna. Exemplo disso são as muitas pessoas que pensam poder ter coisas materiais e até pessoas ou relacionamentos desejados sempre. No entanto, esse sonho da infância não dura muito: o mundo e a vida nos frustram.

Mas isso é realmente ruim? Será mesmo que podemos controlar as coisas, pessoas e o universo? Estão essas coisas todas sob nosso controle? Garantir que aquilo que desejamos será concretizado na íntegra é uma ilusão. É importante sonharmos e idealizarmos, mas é necessário termos a consciência de que, na realidade, nem tudo se realizará conforme nossos ideais. Muitas vezes, poderá ser melhor, mas não necessariamente igual ao idealizado. Vivenciar perdas, experimentar a melancolia e a tristeza, diante das frustrações, são processos importantes para o amadurecimento psíquico e aprimoramento das relações sociais.

Outra distorção comum é a seguinte associação lógica: se me frustro, entristeço-me e deprimo: logo, desenvolvo depressão. A depressão não pode ser compreendida como sinônimo do sentimento de tristeza e melancolia, que qualquer pessoa experimenta diante das dificuldades e frustrações, mas sim como um quadro patológico próprio e específico, relativamente emancipado dos eventos existenciais. Esse distanciamento do prazer, proporcionado pela frustração, assemelha-se, de fato, à depressão. Mas qual é a diferença entre frustração e depressão, afinal?

A frustração é predominantemente existencial, a depressão não. Pela semelhança dos sintomas, tais como apatia, desânimo, desinteresse, sensação de cansaço, podendo ter também ansiedade, prostração, abatimento intelectual, moral, físico, letargia, estresse, melancolia, a depressão acaba sendo uma espécie de irmã gêmea da frustração. Mas na frustração, por falta de um objeto (ou situação) pleiteado ou por um obstáculo externo ou interno não superado, a pessoa se priva da satisfação de um desejo, de um anseio ou de uma necessidade. Já a depressão é uma patologia predominantemente constitucional ou biológica. As pessoas com perfil afetivo mais depressivo são aquelas que, geralmente, têm baixa tolerância à frustração, são rígidas e inflexíveis em seus valores, estabelecem metas difíceis para si mesmas; costumam ser intransigentes com elas mesmas e em seus julgamentos, experimentam culpa e se impõem sofrimentos.

Sendo a frustração predominantemente existencial, supõe-se ser possível adaptar-se, de alguma forma, a ela, comportamental ou cognitivamente. Podemos dizer que o repertório de enfrentamento diante da frustração é um treino antidepressão. Ou seja, pessoas com bom repertório de enfrentamento diante das frustrações tendem a controlar melhor os processos depressivos. As pessoas depressivas tendem a superdimensionar as frustrações vivenciadas por diversas razões. Uma delas é o fato de, sendo o negativismo um dos sintomas depressivos, quando um paciente depressivo se frustra, não consegue identificar potencialidades de enfrentamento próprias, e vivencia apenas a frustração. Não percebe recursos para adaptar-se a situações novas, e se pode chegar a paralisar naquele momento tão sofrido. Mentalmente, a pessoa acaba buscando esquivar-se da dor através das chamadas distorções cognitivas. Para o caso da depressão e do enfrentamento da frustração mal adaptado, as mais comuns são: a negação e a compensação. A pessoa nega a realidade que a frustra ou se compensa por aquilo que a frustrou.

Não é possível descartar um aspecto bastante relevante sobre a frustração: adquirimos esse repertório desde a infância. A falta de preparo para suportar e superar frustrações na infância pode aumentar ainda mais a inclinação hedonista no futuro, crises emocionais desencadeadas por contrariedades pequenas, insatisfações crônicas. As crianças acabam, por fim, adoecendo.

Experimentar frustrações e desenvolver estratégias de manejo, durante o desenvolvimento infantojuvenil, permite melhor adaptação à realidade da vida adulta. Vale ressaltar que uma educação superprotetora, que oferta facilidades, ausência de limites e supressão extrema das necessidades que os pais, muitas vezes, proporcionam aos seus filhos, podem contribuir para uma deficiência adaptativa de futuras gerações. Logo, desenvolver com as crianças e os adolescentes, respeitando as limitações cognitivas de cada fase do desenvolvimento, o repertório de enfrentamento diante das frustrações da vida favorece a sabedoria, temperança, habilidade emocional e resiliência do futuro adulto.

Concluindo, tratar bem a frustração é desenvolvimento, superação, adequação. Não se resume a anular aquilo que aborrece, mas desenvolver um posicionamento crítico e adequado para lidar com a situação vivenciada. Não se trata de um processo fácil sempre. Exige de cada um abertura para amadurecer. Porém se frustrar com saúde promove mais saúde e bem-estar, além de preparar para o enfrentamento dos desafios da vida, independentemente da fase de vida e do desenvolvimento em que cada um se encontra.

2
Você tem depressão? Como tratar? Como lidar com isso?

Pe. Rodrigo Simões

Muito se fala sobre depressão, que já foi chamada de "a doença do século", mas observa-se que ainda há uma grande dificuldade, por parte de muitos, de compreendê-la. Não é difícil encontrar pessoas, aparentemente esclarecidas, que acreditam que depressão seja frescura, falta do que fazer, manha, falta de fé e de confiança em Deus, dentre tantas outras afirmações absurdas. Diz isso quem nunca a teve! Quem já passou por ela sabe bem que a depressão é algo bem diferente!

Uma das grandes angústias do depressivo é justamente não querer sentir o que sente e querer melhorar, querer ser feliz novamente! Lembro-me de uma pessoa que me perguntou: "Será que vou conseguir ser feliz novamente? Será que vou conseguir sentir meu peito aberto, leve? Será que esse aperto vai durar para sempre?" Como se pode acreditar que uma pessoa assim não melhora porque não quer?

Queremos que fique bem claro, aqui: depressão é uma doença grave e precisa ser tratada adequadamente. Não estamos falando do sentimento tristeza, que é natural surgir em relação a alguns acontecimentos de nossa vida: se perdemos alguém que amamos ou se passamos por uma derrota, dentre outros fatos, é normal que fiquemos tristes.

Depressão é um quadro clínico muito sério e pode levar à morte, sim! Também conheço o caso de uma pessoa que morreu devido à depressão não tratada. Como uma frescura pode levar à morte? Jamais! Quem tem depressão precisa de ajuda! Os sintomas são cinco ou mais dos seguintes, presentes durante o período de duas semanas ou mais, quase todos os dias, segundo o DSM-V (Manual de Diagnóstico e Estatístico de Transtornos Mentais, 5ªed.):

1. Sentir-se triste, vazio ou sem esperança (humor deprimido) na maior parte do dia.

2. Diminuir o interesse ou prazer em todas, ou quase todas, as coisas, na maior parte do dia.

3. Perder ou ganhar significativamente o peso sem fazer dieta; reduzir ou aumentar o apetite.

4. Não conseguir dormir, perder o sono, ou sentir muito sono.

5. Ficar muito agitado ou, ao contrário, muito lento.

6. Ficar cansado ou perder energia.

7. Acreditar que não serve para nada, sentir culpa exagerada ou sem razão.

8. Ter dificuldade para pensar ou se concentrar, ou dificuldade para tomar decisões.

9. Ter pensamentos repetidos de morte; não somente medo de morrer, mas também vontade de se matar sem saber claramente como fazê-lo; tentar ou fazer plano para cometer suicídio.

Quando uma pessoa apresenta alguns desses sintomas, mas que não estão atrapalhando seus afazeres do dia a dia e ela está conseguindo trabalhar e conviver de maneira razoavelmente satisfatória com os outros, nesse caso, não há depressão. Ela pode estar passando por uma fase depressiva ou apenas estar deprimida. A depressão acontece quando a química cerebral se desequilibra, e os sintomas não passam, apenas pioram ou se mantêm, causando grande sofrimento e prejudicando a pessoa nos relacionamentos, no trabalho, ou em outras áreas importantes da vida.

Muitas podem ser as causas de uma depressão. Segundo vários estudos, as mulheres têm mais depressão do que os homens. Quem já a teve uma vez tem maiores chances de tê-la novamente, por isso, nesse caso, aos primeiros sintomas, a pessoa deve procurar ajuda rapidamente, antes que a doença evolua. Se os pais ou irmãos dessa pessoa tiveram ou têm depressão, há uma grande chance de ela também desenvolver esse quadro clínico; também pode ter origem genética, pode ser causada por algumas medicações ou doenças, surgir dos costumes inadequados praticados na família e de maneiras erradas de se entender as coisas. Ainda, pode vir depois de um grande estresse, causado por morte, mudanças, excesso de trabalho e outros.

Falando das emoções e da maneira que o depressivo entende a realidade, observa-se que ele enxerga a si próprio como defeituoso, inadequado, doente ou carente. O depressivo acredita que, devido a seus supostos defeitos, seja uma pessoa indesejável e sem valor, desenvolvendo uma tendência de subestimar-se ou criticar-se por causa deles. Acredita que não tem as qualidades essenciais para alcançar a felicidade e a satisfação.

O depressivo percebe o mundo fazendo exigências exageradas sobre ele e apresentando obstáculos insuperáveis para atingir seus objetivos. Acredita que quase sempre fracassa nos relacionamentos e nas atividades que realiza. Pensa em um futuro triste, sofrido e frustrante, acreditando que as dificuldades pelas quais está passando serão para sempre. Devido a quase sempre esperar um resultado negativo, não se compromete com metas ou empreendimentos.

Os desejos suicidas são vistos como expressão extrema do desejo de escapar de situações que para ele parecem ser problemas insolúveis ou uma situação intolerável. Pode ver-se como inútil e, consequentemente, acreditar que todos viveriam melhor sem ele. Comete vários erros de pensamento, chamados distorções cognitivas, que são maneiras erradas de raciocinar e refletir sobre a realidade. Os principais erros de pensamento são:

Inferência Arbitrária: tirar uma conclusão na ausência de provas para apoiar a afirmação; ou quando as evidências são contrárias à conclusão. Ex.: "Apresentei um trabalho ao meu chefe, ele disse que estava ótimo, mas ainda assim acho que ele não gostou, que não fiz bem o suficiente e sou um fracasso". A pessoa depressiva quase sempre acredita que não faz as coisas direito.

Abstração Seletiva (visão em túnel): enxergar apenas um detalhe de uma situação, ignorando outros aspectos, por vezes, mais importantes. Ex.: "Fui bem em todas as provas, mas tirei nota baixa em matemática. Sou um fracasso!", nesse caso, "tirar nota baixa" se sobrepõe ao "Fui bem em todas as provas". Geralmente, a pessoa vê somente seus erros e desvaloriza seus acertos e suas qualidades.

Hipergeneralização: extrair uma regra geral por meio de conclusões isoladas. Ex.: "Nunca me dou bem com as mulheres", isso porque fracassou algumas vezes. A pessoa acredita que nunca vai ser feliz, que nunca vai conseguir superar seus problemas, que todo mundo é melhor que ela, dentre outros.

Magnificação e Minimização: colocar as coisas fora de suas reais proporções. Os aspectos positivos são minimizados, diminuídos, enquanto os negativos são maximizados, aumentados. Ex.: "Tenho um ótimo emprego, mas todo mundo tem". A pessoa despreza, diminui as coisas boas que lhe acontecem ou que conquista.

Personalização: assumir a culpa ou responsabilidade por acontecimentos negativos, falhando em ver outras variáveis envolvidas. Ex.: "Não consegui manter meu casamento, acabou por minha causa". Em algumas situações, o sofrimento do outro parece sua responsabilidade, mesmo que não tenha nada a ver com aquilo.

Pensamentos dicotômicos absolutistas: são imperativos ("deveria" e "tenho que") – interpretar eventos em termos de como as coisas certamente deveriam ser. Faz exigências feitas a si mesmo, aos outros e ao mundo para evitar as consequências do não cumprimento delas. Ex.: "Devo ser perfeito em tudo que faço"; "Tenho que fazer isto, ou aquilo, hoje!" Quando não cumpre suas exigências, que sempre são exageradas, buscando a perfeição, a pessoa sente-se muito frustrada e tem medo de que algo ruim lhe aconteça.

O deprimido tem o pensamento organizado de forma limitada, infantil, por meio de julgamentos globais amplos, sentidos extremos, negativos, categóricos, absolutos, sentenciosos; diante disso desenvolve sentimentos negativos e muito fortes. Tende a ver suas experiências como derrotas irreversíveis, sem conserto. Entende-se como perdedor e condenado.

Conhecendo tudo isso, entende-se melhor o que seja a depressão e que todos estão sujeitos a ela. O tratamento deve ser feito por profissionais experientes e competentes. Os melhores resultados são alcançados unindo-se psicoterapia e medicação, mas é preciso paciência. A melhora geralmente é demorada. Não há nada que se possa fazer para uma pessoa que desenvolveu depressão melhorar da noite para o dia.

Os medicamentos são vários, e cada cérebro é único, como as impressões digitais. Muitas vezes, um medicamento que foi ótimo para uma pessoa não funciona para a outra. Não há como um psiquiatra adivinhar o que vai fazer bem ao paciente. Ele precisa testar. Algumas vezes, acerta de primeira, outras, demora meses, trocando remédios e ajustando doses, até atingir a melhora do funcionamento cerebral. Um remédio psiquiátrico demora em torno de quinze dias para começar a surtir efeito e três meses para chegar à sua potência máxima. A isso soma-se o preconceito que algumas pessoas ainda têm de ir até esse profissional, acreditando que seja médico de louco! Não é nada disso. Assim como o cardiologista trata do coração e o dentista trata dos dentes, o psiquiatra trata da mente! São especializações.

E a terapia? Fico feliz em perceber que cada vez mais as pessoas estão descobrindo o poder e o valor da psicoterapia! Neste trabalho, investigam-se as possíveis causas emocionais e comportamentais para a origem da doença. Corrigindo os erros dos pensamentos, ajudando a pessoa a aprender formas mais eficazes de reagir aos acontecimentos que lhe causam sofrimento e que a desafiam, melhorando sua autoestima, aumentando as experiências agradáveis e o reconhecimento delas, pode-se alcançar grande melhora.

Se você tem depressão, não demore a pedir ajuda. O primeiro passo, e talvez o mais difícil, é aceitar ajuda. O segundo é persistir no cuidado. A depressão é uma doença perigosa, mas tem tratamento, e você pode ter uma vida normal e feliz! Afinal, foi para isso que você foi criado! A depressão é sempre um desvio no caminho, um acidente no percurso, não uma forma de viver!

3
Sua fé supera a provação?

Pe. Reginaldo Carreira

"Tudo dá errado na minha vida!" Quem já não ouviu essa frase? Parece um grito carente e desesperado para pedir ajuda... mas nem sempre é só isso! Existem circunstâncias da vida em que, mesmo os mais otimistas e confiantes, sentem essa frase chegar à "ponta da língua". Às vezes, fatos desastrosos e doloridos vão se juntando e parece que o mundo vai desabar; temos a impressão de que não há saída...!

Na verdade, na hora do "nervosismo.com", muitos acabam por assumir o famoso "8 ou 80"; não conseguem perceber saída por estarem dentro do furacão; mas sempre existe uma saída! E essa não é uma frase romântica ou otimista, pois, mesmo quando não podemos fazer nada para mudar uma situação ou um fato já ocorrido, ainda temos a saída mais potente para olhá-los de outro modo e aprender com cada circunstância: a fé! A fé que remove montanhas, a fé que dissipa as nuvens do medo, da incerteza e da angústia, a fé que rompe barreiras, a fé que ressuscita! Mas não é fácil manter a fé e a esperança sempre...

"Aumentai em nós a fé" (Lc 17,5) é o pedido dos apóstolos para Jesus ao perceberem que não tinham fé suficiente. Se eles pediram, quem somos nós para não pedir, se precisamos de fato?

A palavra fé cada vez mais tem um valor fundamental para a grande maioria das pessoas... Se perguntarmos quem tem fé, todos dirão (ou ao menos a maioria absoluta) que sim... Mas a questão é: qual a qualidade da fé... e isso diz respeito de forma especial a nós, cristãos, que vamos à missa todos os domingos... A Palavra nos ensina que a fé pode ser pequena como um grão de mostarda e já veremos resultados grandiosos... Mas e a qualidade dessa fé?

Se nossa fé depende das respostas positivas de Deus às nossas orações, não é uma fé firme, é no mínimo interesseira... Se nossa fé depende de como nossos irmãos vivem sua fé ou de como eles nos tratam, é no mínimo infantil... Se nossa fé desfalece, a cada situação de perda ou provação, é no mínimo imatura...

Sabemos, entretanto, que nenhum de nós é perfeito. Estamos em busca da santidade e, consequentemente, temos todo o direito (e dever) de pedir ao Senhor que nos ajude crescer na fé, especialmente quando corremos o risco de achar que nada dá certo...

A fé e o abandono confiante nos braços do Pai são a entrega corajosa à vontade de Deus e a aceitação da dor e das fatalidades como oportunidades de crescimento; são a certeza de que Deus pode transformar o mal aparente em um bem eterno! A fé é a confiança absoluta de que Deus está conosco, Ele é o Emanuel, que vem a cada dia para dar sentido à nossa vida.

Mas não basta a fé solitária. É preciso viver a fé comunitária, que vence os maiores obstáculos. Quando falo em fé comunitária, estou me referindo não apenas à ajuda mútua que nós nos damos como irmãos de caminhada, mas à ajuda que toda a ciência humana, dada por Deus, pode nos dar para o crescimento e para a maturidade, e, muitas vezes, para a cura de nosso coração e de nosso homem interior. Por vezes, confunde-se depressão, por exemplo, com a falta de fé! E aí, além de termos de conviver com a luta para achar ânimo e coragem para continuar nossa vida, precisamos lidar com o peso da culpa por sermos alguém "sem fé em Deus"! É nessa hora que a fé comunitária, e humanitária, pode nos ajudar a buscarmos meios e pessoas capazes de nos auxiliar com conhecimento técnico e científico – até mesmo com a química correta, quando é o caso –, para nos dar mecanismos que equilibrarão o nosso organismo e, consequentemente, darão meios para que sejamos fortes na fé!

Aproveitemos este momento para dizer, em vez do triste "tudo dá errado", o feliz e confiante "tudo posso naquele que me fortalece" (Fl 4,13)!"

Parte 5
Não me deixe só!
(Dependência Afetiva)

1
Dependência afetiva

Dra. Ana Carolina Cabral

A Dependência Afetiva é um processo nada incomum em nossa sociedade, e é sofrido. Esse tema foi primeiramente abordado aos leigos por meio de grupos de apoio destinados aos dependentes amorosos. Estes, por sua vez, eram tidos como pessoas que sofriam por amor a alguém em níveis extremos, a ponto de sujeitarem-se até mesmo a privações severas para ter atenção, ou mesmo para provar o amor que sentiam por aqueles de quem dependiam. Atualmente, os estudos evidenciaram que a dependência por alguém nem sempre apresenta um cunho amoroso, por isso ampliaram a nomenclatura para Dependência Afetiva.

O objeto da Dependência Afetiva pode ser: uma pessoa (por exemplo: mãe, pai, parentes em geral, namorado(a), cônjuge, filho(a), amigo(a) etc.), uma droga, uma atitude de carinho (como um sinal de "curtiu" nas redes sociais), uma orientação diretiva/ regra (o trabalho, a marca da roupa, o carro etc.). O objeto amado dá a sensação de segurança para o dependente. Assim, ele vive constantemente em busca dessa tal segurança, sujeitando-se àquilo que pensa ser necessário para atingir seu objetivo, ainda que suas estratégias possam parecer ridículas ou infantis, de acordo com sua faixa etária, com a sociedade em que vive, sua fé, sua saúde ou seu grau de instrução.

Vale lembrar que, na Dependência Afetiva, o comportamento é repetitivo e sem controle de prestar cuidados e atenção ao objeto de amor, com a intenção (nem sempre revelada) de receber o seu afeto e evitar sentimentos pessoais de menos valia. Ainda, é possível constatarmos que essa atitude excessiva é mantida pela pessoa, mesmo após concretas evidências de que está sendo prejudicial para a sua vida e/ou para a vida daqueles que julga amar.

De acordo com a própria nomenclatura, Dependência Afetiva é uma condição emocional ou comportamental que afeta a habilidade do indivíduo de ter um relacionamento saudável e mutuamente satisfatório. Esse requisito do "mutuamente satisfatório" é uma das grandes marcas dos relacionamentos doentios nos quais a Dependência Afetiva é identificada. Muitas vezes, nenhuma das partes está satisfeita com aquela relação, mas, mesmo assim, ela se mantém por anos a fio. E nesse contexto todos sofrem.

Quando se fala em dependência, não se pode descartar uma patologia bastante séria: o Transtorno de Personalidade Dependente. Não podemos inferir que é uma regra todo dependente afetivo apresentar o Transtorno de Personalidade Dependente, mas também não podemos negar que, com frequência, identificamos essa comorbidade. Mas quem é a pessoa que sofre desse Transtorno de Personalidade?

Nos indivíduos que sofrem do Transtorno de Personalidade Dependente, evidenciamos as seguintes características:

– Tendem a ser exageradamente carentes e dependentes, requerendo reasseguramento e aprovação excessivos.

– Temem ser rejeitados ou abandonados por aqueles que lhes são emocionalmente significativos.

– Sentem-se inadequados, inferiores ou como uma falha.

– Sentem-se infelizes, deprimidos ou desesperados.
– Buscam agradar e/ou submeterem-se na busca de apoio.
– Sentem-se desesperançados, fracos ou sem forças fora de seu controle.
– Sentem-se culpados.
– São passivos, não assertivos.
– Ansiosos.
– Têm dificuldade de se expressarem e reconhecerem a raiva.
– Sentem-se envergonhados e constrangidos.
– São incapazes de se tranquilizar ou se confortar quando, sob estresse/angústia, precisam do envolvimento de outra pessoa para regular seu afeto.
– Têm problemas para tomar decisões.

Ainda, cognitivamente, apresentam imagem de si mesmos como incapazes e tentam se agarrar na figura mais forte, a fim de "garantir" sua sobrevivência. Dentre as crenças mais comuns, encontramos:

a. Sou carente e fraco.

b. Preciso de alguém em volta disponível, a todo momento, para me ajudar a cumprir minhas obrigações, ou quando algo ruim acontece.

c. Não me desenvolvo bem com outras pessoas.

d. Sou indefeso quando deixado por minha própria conta.

e. Sou solitário, a menos que consiga grudar em alguém mais forte.

f. Deveria cultivar meus relacionamentos, os mais íntimos possíveis.

g. Meu salvador será cuidador, apoiador e seguro, se ele quiser.

h. Não posso fazer qualquer coisa que ofenda meu cuidador.

i. Preciso ser subserviente para manter a sua boa vontade.
j. Preciso manter o acesso a ele o tempo todo.
k. Devo ser submisso para conservar sua benevolência.
l. A pior coisa possível é ser abandonado.
m. Se não for amado, serei sempre infeliz.
n. Não consigo tomar decisões por minha conta.
o. Não consigo competir como as outras pessoas.
p. Eu preciso que os outros me ajudem a tomar decisões ou me digam o que fazer.

No entanto, como sair dessa dependência? É preciso muito trabalho e ajuda externa. A dependência, quando enfrentada na solidão, tem muitas chances de recaída. É necessária a construção de uma rede de apoio feita pela família, quando possível, com amigos, com profissionais especializados. Não é um capricho do doente, que precisa ser tratado com bastante seriedade, com o cuidado para não reforçar a dependência já instalada, ou transferir para outros objetos a dependência.

Uma vez que o maior medo do dependente é tornar-se independente, o segredo estará no fortalecimento e monitoramento da autonomia e da autoestima. Somente quando o dependente conhecer suas potencialidades e dificuldades e saber como manejá-las, conseguirá perceber que para ser querido, amado e feliz ele não depende de alguém.

2
Sou um dependente afetivo, e agora?

Pe. Rodrigo Simões

A primeira coisa a fazer é perceber que se encontra nessa situação, que isso não é normal e desejar mudar. Algumas pessoas acreditam e defendem o ponto de vista de que "são assim" e que esse é seu jeito de ser, existir. Não é verdade! Pode ser que alguns decidam não mudar, mas a dependência afetiva não é saudável e traz grandes prejuízos para todos os envolvidos na situação. Depender de alguém não é felicidade. Não é o amor saudável. Na verdade, em muitos casos, nem pode ser considerado amor.

O segundo passo é questionar as crenças que mantêm a dependência. Como já visto, elas são várias. Vale retomar as principais:

– Sou carente e fraco(a).

– Preciso de alguém em volta de mim, disponível a todo momento para me ajudar a cumprir minhas obrigações, ou quando algo ruim acontece.

– Não sei desenvolver-me bem com outras pessoas.

– Sou indefeso(a), quando deixado(a) por minha própria conta.

– Sou solitário (a), a menos que consiga grudar em alguém mais forte.

– Deveria cultivar meus relacionamentos, os mais íntimos possíveis.

– Meu salvador será cuidador, apoiador e seguro, se ele quiser.

– Não posso fazer qualquer coisa que ofenda meu cuidador.

– Preciso ser subserviente para manter a sua boa vontade.

– Preciso manter o acesso a ele o tempo todo.

– Devo ser submisso(a) para conservar sua benevolência.

– A pior coisa possível é ser abandonado(a).

– Se não for amado(a), serei infeliz.

– Não consigo tomar decisões por minha conta.

– Não consigo competir com as outras pessoas.

– Eu preciso que os outros me ajudem a tomar decisões ou me digam o que fazer.

A maioria dessas crenças podem fazer sentido para você, afinal, esses tipos de pensamentos podem parecer verdadeiros, mas são totalmente equivocados. Todos são conclusões distorcidas que precisam ser repensadas. O desafio maior é que o dependente afetivo tem pouca ou nenhuma consciência de que pensa de maneira disfuncional e, mesmo quando percebe seus enganos, dificilmente, consegue mudar seus pensamentos, sozinho. Por isso um auxílio profissional torna-se indispensável.

Faz-se necessário rever a história de vida da pessoa, a fim de que ela perceba que não nasceu na situação em que se encontra, mas aprendeu a ser assim, seguindo exemplos e sendo reforçada a pensar e agir de forma dependente, e que isso pode ser mudado, buscando evidências no cotidiano de que suas crenças são falsas.

Também é necessário desenvolver a autoestima e a assertividade, que, nesse caso, encontram-se bastante prejudicadas. Já tratamos desses assuntos em artigos anteriores. O maior medo do dependente é tornar-se independente! Por isso, ele deve enfrentar seus maiores medos, a fim de perceber que, na prática, eles não se confirmam.

Conquistar pessoas, a fim de que elas façam parte de nossa vida e permitir que sejamos conquistados, seja para um relacionamento amoroso ou de amizade, é saudável e necessário. É bem diferente de deixar-se fazer escravo em um relacionamento ou escravizar as pessoas, por medo de ficar sozinho. Amor não é prisão, é liberdade! Quem ama tem medo de perder, mas não prende o ser amado, pois, se o faz, rouba-lhe a paz e, consequentemente, a felicidade! O verdadeiro amor faz feliz e deixa partir, se preciso for, pois, tem consciência de que nem o tempo nem a distância podem apagá-lo.

O amor é construção, respeito, liberdade, companheirismo, confiança, diálogo, oferta generosa e constante de si, na reciprocidade. O amor constrói e faz com que cada um encontre sua melhor versão, a cada dia. Dentro de um relacionamento saudável, o outro serve como espelho, referência, complemento, nunca uma parte essencial. Somente pessoas inteiras podem amar o outro inteiramente.

O único tipo de amor que deve nos absorver totalmente e nos transformar no outro é o amor de Deus, que se doou totalmente a nós, convidando-nos a fazer o mesmo. Fora isso, todos os tipos de relacionamentos são apenas um reflexo desse amor maior e nunca devem causar dependência ou escravidão.

3
Amor ou prisão?

Pe. Reginaldo Carreira

O tempo passa, as gerações passam, mas alguns problemas voltam, de cara nova, a atormentar cada geração. Um deles diz respeito ao relacionamento possessivo. Em um tempo em que a liberdade é supervalorizada, espanta-nos ver que alguns relacionamentos podem ser comparados a uma prisão.

Nesses casos, longe de terem medo de compromisso, ou de "prenderem-se", algumas pessoas acabam se submetendo a relacionamentos doentios, justamente pelo medo contrário: o medo da solidão ou da não aceitação. Estão tão absortas na preocupação de ter alguém ou de se sentirem amadas por alguém que não percebem que, na verdade, o essencial é ser alguém. E não digo no sentido de ser reconhecido como alguém de valor na sociedade ou nos meios de comunicação e nas redes sociais, mas como alguém único, como indivíduo, como filho amado de Deus, como membro da sociedade e parte de um corpo que é a Igreja. Não é algo que venha de fora, ou que alguém possa dar – pois não pode depender de ninguém –, mas é algo que vem de dentro e que só pode depender de si mesmo. Sentir-se como alguém único, ser alguém é fundamental para ser com o outro.

Infelizmente, na ânsia de ser de alguém ou ter alguém, os relacionamentos acabam sendo baseados na necessidade do outro, na dependência do outro, e isso não é amor, é egoísmo! Quantos namoros vão se definhando, pois um não consegue viver com o outro em meio aos outros, mas apenas com o outro para si! E isso dentro de uma ilusão absurda de que assim haverá controle sobre o outro e não se perderá nada nem ninguém. Outras vezes, na iminência da perda, acontece a violência verbal ou física, com uma sequência de justificativas que culpam o outro pela imaturidade própria e não assumida.

Sou completamente a favor do comprometimento! Sou totalmente contra relacionamentos líquidos, em que as pessoas são literalmente usadas como fonte momentânea de prazer e satisfação. Um relacionamento em que a pessoa vive como prisioneira de seu par não pode ser um compromisso adequado e agregador de valores, pois a personalidade, que ainda não foi fundamentada, solidificada ou, ainda, que foi desconfigurada pelas marcas da vida, correrá grandes riscos de se perder no medo e de aceitar qualquer preço, mesmo que este seja o aprisionamento de sua liberdade ou da liberdade alheia.

Há caminhos possíveis para se desvencilhar de prisões criadas até por nós mesmos; existem profissionais da saúde e pessoas de fé e experiência, capazes de ajudar a equilibrar relacionamentos, que tendem à possessividade, e redirecionar os compromissos. Existem, nas comunidades cristãs, diversos caminhos para que todos aqueles que estão imersos em um relacionamento difícil sejam orientados. Mas é preciso empenho pessoal em reconhecer-se necessitado e buscar ajuda. A própria vida em grupos de jovens e pastorais familiares já é um caminho seguro de crescimento e maturidade humana e espiritual, pois nos desafia a estarmos com o outro em meio aos outros. Na comunidade cristã, o amor, em todas as suas expressões, amadurece e se concretiza, pois passa pela prática. E este é o critério para saber se somos da verdade: amar com ações (cf. 1Jo 3,19) e, entre essas ações, libertar-se e libertar (cf Gl 5,1)!

Parte 6
Espelho, espelho meu...
(Autoimagem e Autoaceitação)

1
Quem você pensa que é?

Pe. Rodrigo Simões

Quem nós pensamos que somos? Isso é muito importante, pois, a partir disso, nós nos relacionamos com nós mesmos, com os outros e com o mundo! Já parou para pensar nisso? Durante a nossa vida, formamos uma imagem de nós mesmos, construída a partir das experiências que fizemos em situações diversas. O que é muito frequente é que essa imagem nem sempre corresponde à realidade.

Descobrir quem somos não é uma tarefa simples, pois somos seres em constante transformação. Além disso, desejamos, desde muito cedo, agradar as pessoas que julgamos importantes. Por isso procuramos apresentar e adquirir características que agradem essas pessoas e escondemos as que fazem o contrário.

Dependendo do meio onde vivemos, usamos máscaras imaginárias com o objetivo de agradar as pessoas. No entanto, de acordo com os valores que adquirimos, usamos outras máscaras procurando agradar a nós mesmos. Mas o que é uma máscara? É um revestimento artificial, que esconde a verdadeira imagem! Podemos vestir uma máscara alegre, mesmo quando estamos tristes. Quantas vezes afirmamos gostar de algo, somente porque a pessoa com quem conversamos também gosta? E, quantas outras vezes escondemos gostar de algo, por medo de sermos reprovados?

A questão é: quem somos verdadeiramente? Qual são nossas características reais, positivas e negativas, independentemente de agradar alguém ou não? Não temos, a princípio, uma visão clara a respeito disso!

O autoconceito está profundamente relacionado com a autoestima. Ao nutrirmos uma autoestima baixa, teremos a tendência de ampliar nossas fraquezas e diminuir nossos pontos positivos. O contrário também acontece. Quem tem uma autoestima elevada supervaloriza seus pontos fortes e menospreza suas fraquezas.

Dependendo do tipo de criação que tivemos, desenvolvemos um autoconceito mais positivo ou negativo, que pode ser realista ou não.

Durante nosso desenvolvimento, podemos vestir uma imagem da pessoa que gostaríamos de ser, sem que o sejamos de fato. E acreditamos nisso! Em outros casos, assumimos um autoconceito forjado pela opinião dos outros, pelo que algumas pessoas pensam de nós. Mas quem somos nós de fato?

Existem várias imagens criadas de nós mesmos:

– A imagem que temos de nós mesmos.
– A imagem que os outros têm de nós.
– A imagem que pensamos que os ouros têm de nós.
– A imagem que gostaríamos que os outros tivessem de nós.
– Quem somos nós realmente.

E aí? Qual desses é você? Um pouco de cada um? É para dar nó na cabeça, mesmo! Não é uma pergunta fácil de responder! Só descobrimos quem realmente somos, durante a caminhada: nossos carismas, nossas qualidades, nossos dons, nossas capacidades, nossos pontos frágeis, nossas dificuldades e nossos limites. É uma busca incessante, intrigante, desafiadora e necessária!

2
Autoaceitação, uma conversa intimista comigo mesmo

Dra. Ana Carolina Cabral

A autoaceitação é um processo que acompanha o ser humano por toda a vida. De acordo com os dicionários, a autoaceitação é uma ação ou um resultado de aceitar a própria forma de ser, a própria personalidade, os próprios defeitos e as próprias qualidades etc. Para a psicologia, a definição não difere tanto, pois conceitua autoaceitação enquanto um processo de conhecimento de si mesmo, que contempla tanto as habilidades como as dificuldades e que sugere o bom manejo e a administração dessas características.

Ao se tratar de autoconhecimento, pode-se enquadrar a autoaceitação como um processo de ordem existencial. Ou a pessoa se aceita ou se evita. Albert Ellis dizia ser crucial para a saúde humana a aceitação, e ele a destaca em três níveis:

– de si mesmo, ou seja, a autoaceitação;

– do outro, considerando quem ele efetivamente é, sem desejar mudá-lo ou controlá-lo em seus pensamentos, sentimentos e suas ações;

– da vida e do meio que cerca o indivíduo, segundo a realidade.

Aceitar-se é o primeiro passo para a mudança e para a autotransformação. "Conhecendo-me bem, tenho claras minhas potencialidades e dificuldades. Tenho consciência daquilo que sei e o que não sei a meu respeito. Consigo avaliar e perceber oportunidades de melhoria em mim mesmo. Assim, posso mudar." Geralmente, a mudança segue o seguinte fluxo:

a. Reconhecimento e avaliação das facilidades e dificuldades.

b. Verificação das oportunidades de melhoria.

c. Estudo ou formulação das possibilidades de mudança, considerando as consequências das possibilidades identificadas.

d. Teste e ensaio de estratégias de ação.

e. Consolidação das mudanças a partir das consequências confirmadas.

Apesar da dificuldade para se confrontar com as próprias verdades, aceitar-se é necessário. Do contrário, desenvolvem-se estratégias de autoevitação. Dentre as estratégias mais comuns, destacam-se as compulsões, como é o caso do uso de drogas. É comum, nos atendimentos a dependentes químicos, o relato de que precisavam distrair-se de si mesmos e da atenção que estavam dando às suas dificuldades. Dizem querer anestesiar-se diante dos pensamentos de autodepreciação em relação aos problemas que não identificam recursos internos para enfrentar. Assim os pensamentos autodestrutivos reforçam ainda mais esse senso de incapacidade e, como em um ciclo vicioso, sentem-se angustiados e anestesiam-se com entorpecentes na busca de fugir de si mesmos e da autoavaliação, muitas vezes, tão distorcida.

"Mas como saber se consigo efetivamente me aceitar?" Um bom começo é não esperar essa resposta dos outros. Apesar de as pessoas darem "feedback" constantemente, nem sempre a aceitação é garantida. É necessário lembrar que a discordância faz parte da convivência, e isso não precisa ser um problema. Aceitar-se é necessário, mas nem sempre se é aceito. Esse é um dilema bem frequente nos desentendimentos sociais. Para checar sua autoaceitação, você pode verificar:

– Se você espera ou que as pessoas aceitem ou concordem com você.

– Se lhe é difícil conviver com a discordância.

– Se você acredita que deve ser aceito(a), ainda que sob imposição.

Em caso positivo, é bem provável que você não tenha tanta convicção de suas ideias ou não conseguiu aceitar-se nessa situação.

Mas então, caso isso se confirme, o que fazer?

É preciso rebater esses pensamentos disfuncionais e enquadrar a situação. Para tal, é importante lembrar:

a. Toda ação promove conhecimento e sabedoria. As ações tomadas, boas ou más, levam ao autoconhecimento. Não deve envergonhar-se, pois, naquela determinada situação, a escolha se deu considerando ser aquela a melhor alternativa.

b. Suas experiências o compõem. Toda experiência é importante para formação, e não há razão para fugir. O ser humano possui recursos de adaptação e superação, graças à racionalidade. Esta, por sua vez, é uma ferramenta importante nas mais variadas situações.

c. Não é preciso culpar-se por tentar, ainda que as metas não tenham sido atingidas. A escolha é resultado da tentativa e da busca de enfrentamento. Muitas variáveis e contingências situacionais e temporais estão em ação, mesmo que não se tenham conhecimento ou percepção. Porém, é possível aprender a tentar?

d. Os pensamentos negativos estarão presentes, mas a submissão a eles não é necessária. A negatividade é uma tendência característica dos seres humanos. No entanto, os pensamentos negativos não podem ser o único recurso para enfrentamento das dificuldades. Faz-se necessário filtrá-los e convertê-los em pensamentos racionais, reais. Dessa forma, eles poderão auxiliar na superação das dificuldades.

Assim termino convidando o leitor a conhecer e a experimentar a autoaceitação, pois, mesmo sendo um processo árduo, é salutar ao bem-estar e ao desenvolvimento psicológico. Ainda, convido à constante autopergunta: "Aceito-me ou me evito?" Espero que meu convite seja aceito e que você, meu querido leitor, evite sempre se evitar.

3
Para ser feliz com o que se tem e com o que se é!

Pe. Reginaldo Carreira

Ser feliz! Essa é a busca de todos nós. Uma procura justa e necessária, que dá sentido e motivação à nossa existência. E exatamente por ser a motivação essencial, temos uma diversidade enorme de tentativas de respostas e soluções para essa causa. Pessoas e empresas oferecem caminhos e oportunidades que nos levam à experiência da felicidade em suas diversas instâncias. Saúde e bem-estar físico e mental, realização profissional, relacionamentos adequados e estáveis, prosperidade financeira, riqueza, posses materiais, segurança, equilíbrio espiritual, vida familiar estruturada são alguns dos quesitos para uma vida feliz. Tudo isso, sem dúvida, pode contribuir. Mas a felicidade, na sua essência, não significa ter todos os benefícios possíveis somados à ausência de problemas. E é aí que deveríamos colocar em pauta "qual" felicidade buscamos ou ainda o que entendemos por felicidade.

Faz-se necessário um olhar mais profundo sobre nossa existência, por meio da fé e do autoconhecimento, para que possamos discernir entre o que precisamos de fato e o que a mídia e a sociedade nos propõem como imprescindível para nossa felicidade. Quando digo mídia e sociedade, incluo, sem dúvida, a própria religião, pois bem sabemos que em nome dela se "vendem" caminhos e *kits* de felicidade. Não é difícil perder-se nos anúncios de uma felicidade que priorize mais o que há fora de nós do que o que conquistamos com o encontro conosco.

Ser feliz com o que se tem e com o que se é não é tão fácil em um mundo que nos estimula, desde criança, à comparação com alguém que esteja melhor do que nós. Embora alguns pais perseverem em ensinar que aquele tênis "de marca" não é necessário, outros pais e a maioria da sociedade ainda insistem em dizer que não dá para ser feliz sem ele. Outros preferem tirar o peso da culpa dizendo que, embora saibam que não é essencial possuir aquele objeto, ter a possibilidade de comprá-lo para satisfazer um desejo não traz nenhuma consequência negativa.

Não quero com isso culpar ninguém de ter o que sonhou. Aquilo que se luta para conquistar é justo que se obtenha. O grande perigo é perdermos o sentido da felicidade pura e simples, que se encontra em nós, que somos templos do Espírito Santo, e na convivência com as pessoas que são também templos do Espírito Santo. Não podemos cair no engano de sentir que só seremos felizes se alcançarmos o que o outro alcançou e colocarmos como meta de felicidade um excesso de coisas que estão fora de nós e que dependem de um acontecimento exterior.

É isso que faz com que aquele moço simples do campo seja feliz com sua família sem as comodidades da cidade; ou ainda aquele homem que, tendo do bom e do melhor, prefere viver como se não tivesse, e vive bem feliz assim! Ambos encontraram a felicidade, tendo ou não tendo bens, possuindo ou não possuindo riquezas, porque o que traz felicidade mesmo não é o que possuímos (riqueza, fama, posição social, reconhecimento), mas a conquista de si mesmo, a capacidade de "possuir-se", pois, quando chegamos a esse ponto, com certeza encontramos Deus, "o caminho" da felicidade (Jo 14).

Parte 7
Homem nenhum presta!
(Preconceito)

1
Preconceito, um desafio social e psíquico

Dra. Ana Carolina Cabral

O preconceito, apesar de ser um tema tão abordado atualmente, é tão antigo quanto a humanidade. Nos últimos 20 anos, esse tema foi visto como um constructo científico bastante relacionado com a questão racial. Citações acerca de outras etnias que remetiam ao preconceito foram encontradas inclusive em escritos antigos de autoria de Cornélio Tácito, antigo historiador romano.

Existem diferentes manifestações e tipos de preconceito, sendo as suas formas mais comuns o preconceito, social, racial (racismo) e sexual (sexismo ou homofobia). Qualquer grupo social pode ser vítima de preconceito, e os efeitos do preconceito podem apresentar níveis distintos em termos da agressividade exibida. Nas características comuns a grupos, atitudes preconceituosas são aquelas que partem para o campo da agressividade ou da discriminação.

O preconceito pode ser considerado uma ideia mental influenciada por normas e processos de categorização social que dividem as pessoas em grupos, com o consequente despertar de respostas discriminatórias contra um grupo que não é o seu. Ainda, preconceito é também uma espécie de crença irracional, cuja base não é o conhecimento fundamentado no argumento ou no raciocínio. Sua base encontra-se nos estereótipos.

Assim, o estereótipo é a base cognitiva do preconceito: é uma representação mental de um grupo ou de seus membros, baseada em uma estrutura cognitiva que representa o conhecimento de uma pessoa acerca de outra pessoa, um objeto ou uma situação. Esse conhecimento nem sempre é adequadamente validado. Pode, muitas vezes, ser construído por meio de conclusões que alguém faz em situações isoladas. No entanto, se o estereótipo é a base cognitiva, os sentimentos negativos são o componente afetivo do preconceito, e as ações são o componente comportamental.

Portanto, em essência, o preconceito é uma atitude que, tecnicamente, pode ser negativa ou positiva, pode também ser definido como uma atitude hostil ou negativa em relação a um determinado grupo ou uma determinada pessoa, não levando necessariamente a atos ou comportamentos persecutórios.

Mas existe um outro aspecto do preconceito que não pode ser deixado de lado: em certo sentido, todos os humanos são preconceituosos e, na melhor das hipóteses, possuem preconceito de quem tem preconceito. Esse, ao contrário do que pode parecer, não precisa ser um aspecto negativo. Pensamentos ilógicos fazem parte do raciocínio humano, assim como faz parte a validação desses pensamentos para compor as atitudes. Pensamentos preconceituosos fazem parte dos pensamentos mais automáticos, referem-se a uma reação cognitiva quando algo é identificado. No entanto, uma atitude preconceituosa somente será concretizada, caso não tenham sido refutadas, questionadas e avaliadas as ideias ilógicas de preconceito. Dessa maneira, cabe uma sugestão para o manejo das ideias preconceituosas: a avaliação do pensamento.

O desafio de lidar com o preconceito, no entanto, precisa abranger o preconceituoso e a vítima do preconceito. É também necessário incluir a base cognitiva, afetiva e conductual. Para o que tange aos aspectos cognitivos, o autorreconhecimento sobre as ideias preconceituosas, a instrução acerca do tema, a conversa com pessoas de referência acerca do assunto e o monitoramento dos próprios pensamentos capacitam para a mudança de afeto. Pensamentos racionais proporcionam afetos adequados, que irão levar a condutas adequadas. Já no que tange ao comportamento, um bom exercício, feita a reestruturação cognitiva, é a convivência. Esta, por sua vez, por meio de uma atitude comunitária, é a forma mais adequada de se reduzir o preconceito. Esse olhar mais de perto permite a construção de novos pensamentos acerca do objeto de preconceito.

Já para os que sofrem o preconceito, não cabem ações que reforcem a percepção distorcida e ilógica do preconceituoso. Ou seja, ações de retrucar na mesma medida, com hostilidade, por exemplo, de nada irão adiantar. Infelizmente, respostas como essas apenas reforçam a ideia distorcida do preconceituoso. Não permitem que o preconceituoso refute sua ideia irracional. Vale ressaltar que essa não é uma sugestão de passividade ou conformidade. O que aqui se sugere é uma postura não hostil ou nos moldes do preconceito. Ou seja, preconceito não se trata com preconceito.

2
Você é preconceituoso(a)!

Pe. Rodrigo Simões

É isso aí! Eu não errei na digitação. O tema deste artigo não é uma pergunta, é uma acusação. Pode ser um jeito estranho de começar uma reflexão, mas vamos pensar sobre o que estou dizendo.

Já ouvi muitas pessoas afirmarem que não são preconceituosas e, depois, perceberem que são, e muito! Quando se fala em preconceito, logo vem à mente o racismo, uma das formas de preconceito mais praticadas ao longo da história e a mais comum. Sim! Muitas pessoas, hoje, não têm preconceito em relação aos seus irmãos de pele negra, mas será que esse é o único tipo de preconceito que existe? Claro que não!

Todos nós, até mais ou menos os sete anos de idade, absorvemos tudo o que as pessoas nos ensinam, como se fôssemos esponjas absorvendo água. Assimilamos das pessoas, que foram modelos para nós, os valores, as qualidades e também os vícios, pensamentos errôneos, as formas de julgar e compreender a realidade. Nossas famílias e nossos círculos de amigos também fizeram o mesmo; assim vão sendo passadas, de geração em geração, formas de pensar totalmente preconceituosas, que, de tão arraigadas, tão comuns no meio, nem são percebidas. Para ilustrar o que estou dizendo, basta pensar no incontável número de piadinhas com viés pejorativo, que circulam por todos os lados sobre os portugueses, gaúchos, negros, gays, padres, políticos, pastores, loiras etc.

Não sou contra piadas; pelo contrário. Só estou dizendo que elas trazem, muitas vezes, um preconceito legitimado, aceito e até aplaudido. Quantas mães eu atendo que dizem: "Eu nunca fui preconceituosa! Eu até tenho amizade com gays. Mas eu não aceito que meu filho seja gay!" O que é isso, senão preconceito? Outras: "Eu não sou racista. Converso com todo mundo. Mas a minha filha está namorando um cara negro! Eu não quero ter netos negros!" Preconceito! Tem muita gente que diz: "Político é tudo igual!" Tudo bem que não estamos vivendo um bom momento político, mas dizer que todos os políticos são iguais é uma outra forma de preconceito. "Ah, aquele povo, aquela raça, aquela família? Nenhum presta!" O que é isso senão outra forma de preconceito? "Padre, é muito bonito esse caminho, mas meu filho? Ah, não! Eu não quero isso para ele!"; "Homem nenhum presta! É tudo igual!"; "Mulher no volante, perigo constante!" E tantos outros pensamentos.

Preconceitos são pensamentos automáticos que são adquiridos, ao longo da vida, que rotulam pessoas ou grupos de pessoas, comportamentos ou situações, de forma pejorativa, sem corresponder à realidade. Apenas fruto de algumas distorções cognitivas.

Distorções cognitivas são formas erradas de pensar, de raciocinar sobre algo. As mais comuns, relacionadas com o preconceito, são:

– *Rotulação:* suprema generalização. Acontece quando se coloca rótulos em pessoas, grupos ou situações. Por exemplo: "Aquela pessoa não presta"; "Ele é teimoso"; "Ela é enjoada". A pessoa pode ter uma série de outras características, mas enxerga-se somente aquela com a qual é rotulada.

– *Generalização:* todos são iguais; todos são julgados por uma experiência limitada. Exemplo: "Homem nenhum presta"; "Os políticos são ladrões"; "Naquela família ninguém vale nada"; "Aquele grupo de jovens é muito fechado". Se um membro de um grupo específico se comporta de forma inapropriada, logo se acredita que todos sejam iguais.

– *Pensamento em preto e branco*: polarizado; ou é bom, ou ruim; sem meio termo. Quem tem esse tipo de pensamento tem dificuldade de enxergar, ao mesmo tempo, as qualidades e falhas de uma pessoa ou situação; vai do 8 ao 80. Algo ou alguém é maravilhoso, perfeito. Após um erro, não presta mais, transformou-se em algo terrível, desprezível.

– *Filtragem*: pensamentos negativos filtram a avaliação e distorcem a percepção da experiência, como uma lente distorcida, que filtra somente o que é ruim. Se se crê que uma pessoa não presta, a tendência é desprezá-la, não enxergando seus acertos, e sim seus erros, com base em uma crença preestabelecida.

– *Tirar conclusões precipitadas*: não avaliar a situação como um todo. Julgar os fatos baseado em poucos indícios reais.

– *Leitura de pensamento*: crer que sabe o que as pessoas estão pensando. Exemplo: "Eu tenho certeza de que ele estava pensando mal de mim!"; "Dá para perceber que ele não pensa coisa boa!"

– *Justificativa emocional*: atribuir como verdade algo que a pessoa sente em relação ao outro: "Eu sinto que ele não presta!"

Se você nunca caiu em nenhum desses pensamentos, então, desculpe-me! Julguei mal você! Agora, se você caiu em algum deles, então, sinto dizer-lhe: você é preconceituoso!

3
Você reflete o suficiente antes de manifestar sua opinião?

Pe. Reginaldo Carreira

Aprendemos, com o tempo, que nem sempre as palavras são capazes de expressar o que sentimos. Muitas vezes, elas são desnecessárias e, outras vezes, mais atrapalham do que ajudam. Entendemos, também com o tempo, que o que compreendemos e interpretamos do que ouvimos nem sempre representa o que se quis dizer de verdade. O que é certo é que qualquer pré-julgamento – positivo ou negativo –, que fazemos ou que recebemos, pode estar errado. Somente à medida que o tempo passa, conferem-se o acerto ou o erro cometido.

Lembro-me de que, há muito tempo, encontrei um conhecido que estava em um evento, em uma posição de destaque. Passou por mim e, "segundo meus critérios", fingiu não me ver e não me cumprimentou. Fiquei incomodado com a situação e realizei meu nada misericordioso pré-julgamento, afinal "quem ele pensava que era para me tratar assim?" Continuei a observá-lo de longe, enquanto ainda tentava compreender o ocorrido. Não precisei de muito tempo para perceber que ele havia perdido parte da visão e estava sendo amparado por alguns amigos, pois lhe era difícil até mesmo caminhar totalmente sozinho. Não preciso dizer que fui cumprimentá-lo e fiquei profundamente arrependido...: "Quem eu pensava que era para julgá-lo assim?" Se, em vez do pré-julgamento, eu tivesse observado um pouco mais e refletido um pouco mais, aguardando que a verdade aparecesse, eu teria me incomodado um pouco menos. E, se por acaso realmente fosse uma atitude de grosseria, meu tempo de "reflexão" já teria me dado condições para perdoar-lhe ou ao menos olhá-lo com misericórdia. Que bom que ao menos não havia manifestado meu pré-julgamento a ninguém, pois além de tudo traria essa responsabilidade em meus ombros. Esse é um fato muito simples, perto de tantos acontecimentos semelhantes que podem nos acontecer e tirar a nossa paz. É preciso orar e vigiar para não cedermos à tentação do julgamento, especialmente própria do imediatismo em que vivemos hoje.

Uma das formas mais eficazes de evitar o erro é exercitarmo-nos na capacidade de silenciar e escutar a voz de Deus, que fala por meio de sua Palavra, dos acontecimentos da vida, dos irmãos, enfim, que se manifesta constantemente em nossa história. Precisamos compreender o valor do silêncio! Como São João da Cruz ensina, sua vida de oração se tornou uma "solidão sonora". O silêncio, a reclusão e a solidão do cristão sempre vêm acompanhados da presença amorosa de Deus. Basta um coração aberto e sustentado pela fé, mesmo que ainda pequena, para que Ele se manifeste.

O silêncio, acompanhado da presença de Deus, dá-nos condições de refletir sobre o que dizer e se é preciso dizer. O silêncio, acompanhado por Deus, dá-nos capacidade para darmos passos concretos para uma conversão profunda e uma resposta missionária ousada e coerente com o pedido de Jesus por meio de sua Igreja. O silêncio, acompanhado da presença de Deus, dá-nos a possibilidade de conhecer melhor nosso irmão, sua história de vida, seus anseios e suas fraquezas, de forma que possamos agir com mais misericórdia e sem grandes exigências ou preconceitos. Também é o silêncio, acompanhado da presença amorosa de Deus, que nos permite ver além das aparências (como Deus que vê o coração!) (1Sm 16,7) e reconhecer os valores que superam as fragilidades do irmão. Por fim, a vida sempre nos coloca diante de acontecimentos que levam tempo para compreendermos o que significaram: perda de alguém, desemprego, doença, violência, por um lado; alegrias, vitórias, saúde, milagres e sinais, famílias restauradas, paz duradoura, por outro. Como compreender tudo isso? Silêncio! Pois o silêncio fala! E vale lembrar que temos um recurso mais poderoso, pois, se o silêncio fala, o silêncio "com" Deus fala e restaura!

Parte 8
E agora, José?
(Diferenças entre homens e mulheres: convivência)

1
As diferenças, os gêneros e a terapia racional emotiva

Dra. Ana Carolina Cabral

Ao aprofundar nas especialidades dos gêneros, as teorias visam abranger para além das diferenças anatômicas, visualmente evidenciáveis, e caminham para a compreensão efetiva dos aspectos físicos. Nessa mesma época, quando da revolução sexual, a psicologia ganhou uma nova abordagem: a TREC. Naquele tempo, as famílias questionavam os direitos de seus membros por meio dos gêneros. Os questionamentos continuam atuais.

A partir de estudos que pretendem conciliar abordagens biopsicossociais, é possível aprender que as predisposições dos gêneros se assentam já em crianças do sexo masculino, quando, aos quatro anos de idade, os níveis de testosterona dobram, refletindo-se em comportamentos mais agitados e brincadeiras movimentadas. Aos cinco anos, a testosterona cai pela metade e a criança tende a se acalmar um pouco, mas mantém as preferências por atividades mais turbulentas. Quanto ao desenvolvimento cerebral, crianças do sexo masculino têm seus cérebros desenvolvidos mais lentamente e com menos conexões entre os hemisférios esquerdo e direito, devido à reduzida ação do estrogênio. Na faixa dos seis aos sete anos, o desenvolvimento mental, especialmente o da coordenação motora fina, dos meninos é de seis a 12 meses atrasado com relação às meninas. É nessa faixa etária também que ocorre a adrenarca: o despertar das glândulas adrenais implicando mudanças físicas e desenvolvimento das respostas biocomportamentais sexualmente dimórficas diante do estresse. Nessa fase, é possível observar homens adotando o padrão de luta-ou-fuga e mulheres de proteção-e-aproximação. Essas características fisiológicas díspares para meninos e meninas podem indicar a importância delas para a sobrevivência das crianças no ambiente de seleção da espécie humana.

As diferenças psicológicas, contudo, consolidam-se por volta dos cinco aos seis anos de idade. O desenvolvimento da masculinidade e da feminilidade, de acordo com a TREC, dá-se de acordo com inclinações hormonais, genéticas, mas especialmente psicológicas. Nesse contexto, as atividades lúdicas na infância favorecem o desenvolvimento de padrões típicos de gênero. O brincar adquire diversas funções, favorecendo a complexidade comportamental, emocional e cognitiva. Brincar possui funções imediatas, em especial na infância, e preparatórias, quando favorece o desenvolvimento de habilidades e características necessárias para a vida adulta. Logo, os ensaios comportamentais ocorrem nas atividades lúdicas da infância, quando se aprende a ser gente grande, brincando de ser adulto; e as diferenças quanto ao gênero fazem parte desse exercício.

No que tange à tendência à irracionalidade, um dos conceitos fundamentais para a TREC, evidenciado na inclinação para distorcer a realidade, não foi identificada cientificamente uma diferença consistente a partir dos gêneros. Considerando que a irracionalidade também pode se aplicar aos estereótipos de gênero, trata-se de construção social, e, portanto, possui apenas uma relevância particular e singular. Podem existir diferenças quanto às crenças acerca dos conceitos de gênero, pois cada um possui uma experiência, um organismo, um funcionamento hormonal, físico e mental. Ou seja, o que o indivíduo pensa acerca dos estereótipos determinará sua postura sobre o assunto. Tendências masculinas e femininas biopsicossociais já aconteceram na infância e são apenas retroalimentadas ao longo da vida.

Atualmente, como que em um resultado dos anos 50 e da revolução sexual, questionamentos acerca das diferenças entre homens e mulheres estão bem mais avançados, e alguns paradigmas foram quebrados e/ou questionados. As crenças cognitivas acerca dos gêneros sofreram socialmente revisões ao longo dos tempos. Porém, as inadequações acerca das crenças individuais sobre gêneros e suas diferenças podem ocorrer; nesse sentido, assim como outras distorções, é possível estudar e reestruturar cognitivamente. Crenças funcionais à cultura a que se pertence irão influir no modo como alguém irá se comportar para ser aceito como membro de uma sociedade. Assim, para a TREC, ajustamentos cognitivos e comportamentais podem ser feitos, a fim de promover saúde, mas não doença ou preconceito.

2
Homens e mulheres são diferentes, e daí?

Pe. Rodrigo Simões

A maioria das pessoas que eu atendo encontram dificuldades, que seriam superadas facilmente, se tivessem uma compreensão maior das diferenças entre as formas de ser e entender o mundo de homens e mulheres. Sim! Há particularidades que são próprias do sexo da pessoa, não somente na parte física, a da anatomia, mas também na forma de pensar e agir. Desde crianças, ouve-se: "Isso é coisa de menina! Não faz isso, rapaz"; "Menina, tenha modos, você está parecendo um moleque!" O ser humano vai sendo moldado a rejeitar muitas coisas consideradas pertencentes apenas ao sexo oposto. Sem contar a biologia, que inunda os corpos de homens e mulheres com dosagens totalmente diferentes de hormônios e neurotransmissores.

Como isso dá pano para manga! De cada dez mulheres em crise no relacionamento, onze reclamam que o marido não é romântico, não sabe escutar e conversar, não as compreende. Claro que há raras exceções! E eu sempre digo: "Querida, se você quiser que seu marido a compreenda, aja com você da mesma maneira que você agiria se fosse ele, converse com você como se fosse sua melhor amiga e compreenda você como se fosse outra mulher, então pode ficar frustrada, porque isso geralmente é impossível!" E os homens reclamam... reclamam do quê? Geralmente, eles nem vêm conversar. Por que Deus fez duas criaturas tão diferentes em alguns pontos e as convidou a viverem sobre o mesmo teto, partilhar das mesmas experiências e passar, talvez, uma vida juntos? Será que as diferenças são necessariamente pontos de desencontros ou oportunidades de crescimento? Qual lado está mais correto, o dos homens ou o das mulheres?

Já se comprovou, cientificamente, que a área do cérebro responsável pela fala é mais ampla nas mulheres do que nos homens. Por isso, elas têm um repertório maior e usam mais palavras para dizerem as mesmas coisas que os homens em geral. Geralmente, as respostas masculinas se resumem a "sim", "não" e "por quê". Outra diferença é que, em geral, os homens têm maior capacidade de localização, de ler mapas e encontrar caminhos. As mulheres, ao olharem para uma paisagem, enxergam vários detalhes ao mesmo tempo e percebem uma riqueza maior de situações. Os homens, geralmente, enxergam uma parte de cada vez e têm uma percepção menor para avaliar o contexto. Mulheres identificam uma gama de cores maior. Os homens são mais práticos nas decisões. As mães ensinam as crianças a lidarem mais com seu mundo interno, enquanto os pais, a se prepararem mais para o mundo externo. As mulheres, geralmente, têm necessidade de escutar um "Eu te amo"; os homens, geralmente, acreditam que trabalhando sem cessar e provendo as necessidades do lar estão demonstrando seu amor. Para grande parte das mulheres, uma casa limpa, comida bem-feita e os filhos bem cuidados significam muito mais amor do que uma noite de sexo. Geralmente, quando as mulheres pedem um carinho, elas estão querendo somente um carinho; e os homens, muito mais que isso...

Pode-se citar uma série de diferenças, que não fazem nem um, nem outro gênero ser melhor, apenas diferentes.

Se isso é bem compreendido, um casal que se relaciona com maturidade aproveita essas diferenças para se complementar, crescer, amadurecer, treinar empatia e compaixão. Mas, infelizmente, escuto muitos dizerem: "Ah! Se ele gostasse de mim, me ouviria mais, demonstraria mais amor, prestaria mais atenção nos detalhes, mudaria, seria diferente!"; "Ah! Se ela gostasse de mim, não cobraria tanto! Eu me mato de trabalhar, mas nunca está bom! Não sei o que eu faço de errado. Não entendo o que ela quer! Não consigo agradar essa mulher!"

Que pena! Acreditar que o outro não muda ou não faz as coisas do jeito que a outra pessoa quer por falta de amor é um grande engano e mostra uma dificuldade de reconhecer e aceitar os próprios limites e as próprias particularidades. Aqui entra algo extremamente importante, que precisa ser praticado exaustivamente: o diálogo.

Por meio do diálogo, é possível entender o ponto de vista da outra pessoa e enxergar as situações de acordo com os valores e as intenções dela. Saber falar e saber escutar. Ter um tempo certo para cada um se expressar. Explicar até o outro entender, de diversas formas, se for necessário. Acalmar os ânimos, quando a situação esquentar, e retomar a conversa, muitas vezes mais tarde ou em outros momentos. Tudo isso é fundamental e é o único caminho para se desenvolver compaixão, misericórdia, empatia. Fazendo isso, a pessoa, mesmo que não concorde com a opinião alheia, poderá aprender a respeitar e até mesmo valorizar o outro, enriquecendo a convivência e se complementando.

Será que o diferente é sempre errado? Será que meu ponto de vista é sempre o melhor? Será que eu sempre tenho razão? Claro que não! E o relacionamento é terreno fértil para treinar essas habilidades e superar as dificuldades. A forma de pensar e entender as coisas é diferente, porque a escala de valores é diferente. Com isso, não há quem seja mais certo ou mais errado, há apenas pessoas diferentes. Os relacionamentos, muitas vezes, entram em conflito porque os homens não compreendem que as mulheres não podem ser como eles, e as mulheres esperam que os homens se comportem do mesmo modo que elas.

Por isso Deus fez homens e mulheres e deu a ordem de crescerem e se multiplicarem, descobrindo quem cada um é, complementando-se nas diferenças.

As dificuldades são sentidas entre casais, amigos, pais e filhos e em todas a situações com que os sexos opostos são obrigados a conviver.

Falando agora, mais especificamente, de namoros e casamentos, alguns passos podem favorecer aquilo que se chama de harmonização, que nada mais é do que realmente buscar harmonia, entendimento:

Primeiro passo, identificar "estressores" do relacionamento. Os "estressores" em um relacionamento costumam ser desacordos do dia a dia, conflitos de interesses e valores, dificuldades para comunicações de sentimentos. Trabalhar esses aspectos possibilita ao casal sensibilizar-se em relação aos pontos que abalam a harmonia da relação e agir em prol da melhoria desses aspectos. O casal deve perguntar-se: "O que geralmente causa os desentendimentos?" "Como nossas brigas costumam começar?" "Quais são os principais assuntos com os quais não concordamos e pelos quais discutimos?"

Segundo passo, buscar acordos colaborativos, que compreendem ações de comum acordo para resolução de problemas e desafios gerados, quando o casal se depara com esses "estressores" no relacionamento. É o momento de entender que as soluções buscadas para resolver esses desentendimentos não estão funcionando e, portanto, precisam ser mudadas. Talvez o casal não consiga encontrar uma saída sozinho, por isso pode ser necessário procurar ajuda com alguém apropriado. Geralmente amigos e parentes não são indicados nesses momentos, pois eles tendem a enxergar melhor o lado do qual são mais próximos e não conseguem dar conselhos que beneficiem os dois. Nem sempre duas pessoas chegam a concordar sobre um assunto; muitas vezes precisam respeitar o jeito do outro e ceder, para chegarem a um acordo. Também é necessário que as duas partes cedam em situações diversas, alternadamente, a fim de que não aconteça de apenas um lado ser beneficiado.

Nesse processo, organizar atividades de lazer é um passo demasiadamente importante, que significa planejar e realizar algo que reforce a união do casal, pois associa a sensação de bem-estar a uma atividade realizada em conjunto. Essas ações, que aparentemente podem ser julgadas corriqueiras e simplistas, quando realizadas em comum acordo, favorecem a união do casal, promovem assertividade e afetividade. Essa última, por sua vez, é o grande diferencial dos relacionamentos amorosos e, por ironia, muitas vezes acaba sendo deixada de lado pelas exigências da rotina. Porém, é necessário ressaltar que esse diferencial, a troca de afeto, é determinante para a saúde da relação amorosa. Sem a afetividade a relação corre grande risco de se igualar a outras relações e, assim, perder seu real sentido. Por isso, é fundamental cuidar da afetividade, desenvolvendo e fortalecendo sentimentos positivos e curando os negativos, como mágoa, ressentimento e raiva.

É importante reconhecer que, em um relacionamento, nem sempre o outro vai oferecer o seu melhor, que não há apenas uma maneira de se resolver as coisas e que, mesmo quando você der o máximo de si, nem sempre será reconhecido ou valorizado. Por mais que essas afirmações pareçam absurdas, elas são parte da realidade, aceitando-se ou não. Nem sempre significam falta de amor, pelo contrário, acontecem porque a vida é assim e as pessoas também. Amor nem sempre tem a ver com corresponder às expectativas. Muitas vezes, o indivíduo será frustrado e contrariado pela pessoa que mais ama e que mais o ama. Tudo isso é crescimento, amadurecimento, evolução humana e espiritual. Por mais desafiadores que sejam os relacionamentos e, às vezes sofridos, não há como aprender certas coisas sozinho!

3
Convers(aç)ão familiar

Pe. Reginaldo Carreira

"Ninguém me ouve!" Essa frase é escutada com frequência. Parece que, nessa hora, pode-se imaginar um rosto todo franzido, cara fechada, braços cruzados e "beiço" caído, não? E, embora seja, na maioria das vezes, uma atitude extremamente carente (e quem não é, ao menos um pouco, "carente"?), não quer dizer que haja mentira no sentimento que está por trás do que se diz!

Todos precisam de um bom ouvinte, e, se pararmos para perceber, nós não encontramos muitos bons ouvintes por aí, talvez porque não nos empenhemos em dar a devida atenção às pessoas e sermos também bons ouvintes. E se, como diz o ditado, boa educação vem de berço, então podemos dizer que faltou o bendito diálogo familiar. Diria mais: faltou conversão... faltou "conversação" familiar... faltou conviver no sentido pleno da palavra!

A tendência atual nos relacionamentos (desde o familiar até o amoroso) tem sido a lei do "menor esforço", isto é, esperar o outro vir até mim e não tomar a iniciativa de ir até ele. Parece soar humilhante ir ao encontro de alguém, se olharmos apenas com os olhos do mundo, especialmente se esse alguém, em algum momento, magoou-nos, destratou-nos ou nos decepcionou.

Há muitos outros empecilhos hoje para o bom diálogo nos diversos tipos de relacionamento, especialmente no relacionamento familiar: os horários de trabalho e estudo, a TV (que até reúne, mas geralmente não une...), a internet com suas infinitas possibilidades, a correria do mundo em que vivemos e tantas outras circunstâncias. Mas creio que o problema maior, como já nos ensina Jesus, não é o que vem de fora, mas o que sai do coração do homem, nesse caso: a indiferença, o egoísmo, as escolhas erradas, a falta de perdão, a falta de consciência da finitude da vida humana.

Uma das grandes dificuldades para o diálogo acontece por não se conseguir respeitar e compreender as diferenças, desde as simples diferenças de idade e educação familiar, até a diferença de personalidade, de capacidade para lidar com a crítica ou contradição, e ainda as diferenças entre o masculino e feminino.

Mas, como nos diz São Paulo, vivemos segundo a lei do espírito (Rm 8,9-17) e, segundo essa lei, ou se preferir, segundo o critério da fé, podemos (e devemos) tomar a iniciativa de nos relacionar, devemos seguir sempre adiante, dar passos que melhorem nossa qualidade de fé e de convivência, tomar atitudes que demonstrem aquilo em que cremos, assumir nossa escolha pelo perdão, pela reconciliação e pela paz. No âmbito familiar e no convívio homem e mulher (em qualquer instância), isso implica que devemos viver o amor, a obediência, o respeito, o diálogo, a "conversação", a conversão...

Conversão exige mudança de vida. E na família, ou em qualquer relacionamento, implica mudança de atitudes com os outros, mas a começar por nós mesmos. Sempre é tempo de rever como nos relacionamos, se damos a atenção possível ou apenas a necessária: se ouvimos os outros como gostaríamos de sermos ouvidos ou se nos esquecemos de que o critério da boa convivência é justamente fazer aos outros o que gostaríamos que fizessem a nós.

Se pensarmos bem, talvez a afirmação: "Ninguém me ouve!", no nosso caso deva ser substituída por algo parecido com a seguinte interrogação: "Eu tenho ouvido e dado atenção a quem está ao meu lado, e compreendido e respeitado as diferenças?"

Parte 9
Não fui eu!
(Culpa e responsabilidade)

1
Culpa ou responsabilização, o que fazer?

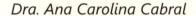

Dra. Ana Carolina Cabral

Culpa e responsabilização são sentimentos bastante semelhantes. A culpa costuma ser sentida com uma amargura, enquanto a responsabilização nem sempre é descrita em sentido negativo. No entanto, ambos constructos incluem a presença de uma demanda, uma postura diante dessa demanda, regras supostamente estabelecidas, além de condutas adotadas.

Segundo a Teoria Racional Emotiva Comportamental, o grande empasse não se dá diante das situações, mas sim refere-se ao posicionamento que uma pessoa assume em determinada situação. Quanto ao processo de culpa e responsabilização, não é diferente. Culpa é o lado disfuncional do processo de responsabilização. Ser responsável por um erro, assumir seus desdobramentos e suas consequências e, quando possível, buscar a reparação é funcional. Não há exageros emocionais, comportamentais, e as distorções cognitivas possíveis acabam por ser refletidas e sofrem adequações com relação aos conteúdos e dados da realidade. Ao contrário, quando do processo de culpa, nem sempre a pessoa assume efetivamente o que fez, muitas vezes nem reflete sobre possibilidades efetivas de reparação. Vivencia apenas o erro, não se permite olhar seus desdobramentos.

É uma visão distorcida da realidade e disfuncional. Tal distorção ocorre em três níveis:

– para si mesmo: "não sou capaz de fazer aquilo que era esperado, mas tive motivos para agir dessa maneira";
– para o outro: "o outro nunca me perdoará";
– para o meio: "as pessoas erram, todos erramos".

Como efetivamente a culpa ocorre em termos cognitivos, emocionais e comportamentais?

As alterações de ordem psicológica costumam ocorrer quando há pensamentos absolutistas diante dos eventos. E, quando isso acontece, o indivíduo adere à chamada "filosofia da obrigação". No entanto, os desdobramentos dessa conduta diante da própria vida, não obstante, promovem, em vez da saúde, a doença. Há de se orientar diante dessa tendência não apenas da vida moderna, mas do ser humano. Pode-se identificar o emprego dos pensamentos absolutistas quando ocorrem expressões como:

"eu deveria";
"eu devo";
"eu tenho de";
"é minha obrigação".

Como consequência dos pensamentos absolutistas, tem-se a autossabotagem, visto que as obrigações se configuram segundo uma ordem cíclica: "Penso que é minha obrigação: assumo para mim totalmente a responsabilidade; essa meta se torna inviável; não consigo contemplar essa meta, pois ela se torna a cada momento mais inatingível em complexidade; frustro-me e, para tentar compensar a possível falha, busco assumir mais responsabilidades". Feito isso, o ciclo tem novo início.

Pessoas que se orientam pela perspectiva do absolutismo não costumam tolerar bem a frustração, pois esta tem, para essas pessoas, a conotação de responsabilidade. Elas costumam assumir a responsabilidade pelo fracasso e esperam constantemente o reconhecimento por seu empenho, sua dedicação. No entanto, o que verdadeiramente acontece é que os outros não entendem suas atitudes como empenho necessariamente. Pensam, muitas vezes, que o equívoco foi daquele que se intitula culpado.

Ainda, quando a pessoa se julga como mal, perversa ou corrupta por errar, ela também se sente mal, e isso está associado a crenças, em especial, a "NÃO DEVO ERRAR, E SE, ISSO OCORRE, É HORRÍVEL".

No entanto, é possível treinar, além da identificação, da contestação, e também realizar trocas para os pensamentos disfuncionais que culminam em culpa. Por exemplo:

– É responsabilidade de cada pessoa afirmar suas necessidades, dizer não, ou mudar de opinião e conduta. Logo, ninguém é responsável por conhecer ou ajudar o outro a ponto de satisfazer suas necessidades.

– Não há culpa, se outra pessoa, um adulto responsável, está angustiada e não é feliz. É preciso avaliar as escolhas feitas anteriormente e que a levaram a essa situação.

– Diferenciar entre sentir-se responsável ou culpado. Sentir-se responsável significa aceitar as consequências das próprias escolhas. Culpar-se significa atacar a autoestima e autodenominar-se incapaz diante do erro.

Finalizo convidando o leitor ao encorajamento para a responsabilização, que, apesar de ser uma estratégia desafiadora e, às vezes, dolorida, é saudável, segura e propicia repertório de enfrentamento para situações futuras. Assim, você, querido leitor, pode ter certeza de que não se cristalizará no passado, mas conseguirá se instruir para o presente e o futuro.

2
Você é como Judas ou Pedro?

Pe. Rodrigo Simões

Você já parou para pensar com qual ou quais dos apóstolos se parece mais? Cada pessoa irá se identificar mais com um e menos com outros. A personalidade dos doze é bastante diferente. Observando o trabalho de Jesus com cada um, podemos compreender as mudanças, o amadurecimento ao qual Deus nos conduz. Vejamos a diferença entre Pedro e Judas, em relação à culpa.

Os dois traíram Jesus. Judas, por algumas moedas de prata. Pedro, devido ao medo da cruz. Claro que as motivações foram diferentes, mas o que mais chama atenção nesse caso é o desfecho da história: Judas enforcou-se! Pedro tornou-se o primeiro Papa, pedra sobre a qual Jesus edificou sua Igreja! Por quê?

Nesse ponto se concentra nossa reflexão. A Palavra diz: "Então Judas, que o entregara, vendo que Jesus fora condenado, sentiu remorso... retirou-se e foi enforcar-se" (Mt 27,3-5). Judas percebeu seu erro e sentiu remorso, aquela dor profunda de quem errou e acredita que seu erro não tem conserto. O problema do remorso é que ele congela a pessoa no momento do erro, fazendo-a acreditar que tudo acabou. Quando olhamos apenas para o erro e cremos que falhamos de uma forma irreparável, dificilmente nos damos uma nova chance. Parar no erro e condenar-se é ser como Judas. Ele acreditou que sua vida havia chegado ao fim, que não haveria mais motivos para continuar a viver, pois o erro que havia cometido não merecia perdão; acreditou que não merecia uma nova chance, foi cruel consigo e enforcou-se. Judas aprendeu com Jesus o que é o amor, a misericórdia, o perdão? Certamente não! Caminhou com o Mestre tanto tempo e não aprendeu o suficiente.

Vejamos Pedro. Após ter feito juras de fidelidade ao Mestre, negou-o três vezes. Enquanto Pedro ainda falava, o galo cantou, e "o Senhor, voltando-se, fixou o olhar em Pedro". "Saindo dali ele chorou amargamente" (Lc 22,61-62).

O olhar de Jesus sobre Pedro foi um olhar de misericórdia. Nesse momento, Jesus resgatava Pedro, levando-o a uma responsabilização saudável pelo erro. Judas não conseguiu enxergá-lo, porque afastou-se do Mestre.

Após a ressurreição, quando apareceu aos apóstolos à beira do Lago de Genesaré, Jesus ajudou Pedro a realizar um caminho de compreensão, aceitação e perdão a si mesmo, resgatando o sentimento positivo de compaixão, fazendo-o perceber o valor que ainda tinha, convidando-o a apascentar suas ovelhas, destruindo seus sentimentos de dor e rejeição: "Simão, filho de João, tu me amas? ... Apascenta as minhas ovelhas" (Jo 21,15).

Jesus ajudou Pedro a ser gentil, solidário e solícito por si mesmo, chamando-o pelo nome, lembrando-o de quem era, resgatando o sentimento verdadeiro de amor que sentia pelo seu Senhor e convidando-o a seguir adiante, apascentando suas ovelhas. Esse é exatamente o processo terapêutico do perdão, da reconciliação consigo, com o outro e com o mundo! Esse foi o momento da verdadeira ressurreição de Pedro.

Perdoar não é esquecer, não é concordar com o erro ou fazer de conta que ele não foi grave ou ruim. Perdoar é dar uma nova chance. É a diferença entre Pedro e Judas. Perdoar é compreender, aceitar e deixar o passado para trás, reafirmar respeito pelo presente, projetando um futuro melhor. A culpa paralisa, deprime, gera autoacusação. A responsabilidade coloca em movimento, motiva para o crescimento.

Precisamos entender que ninguém é perfeito, ninguém nasceu sabendo; estamos todos nesta vida para evoluir; aprendizagem é treino, e treino inclui erros. A decisão é nossa: fazer como Judas ou como Pedro.

3
Você quer ter paz interior? Confesse-se!

Pe. Reginaldo Carreira

Dentre as diversas possibilidades para nosso crescimento espiritual, está a capacidade de reconhecer nossos erros e confessar nossa culpa. Isso se manifesta das mais diversas formas e nas mais variadas maneiras de viver a espiritualidade e a busca de sermos pessoas melhores! Assumir um erro, corrigir o que é possível, pedir perdão são caminhos possíveis e necessários para se viver bem!

Ainda nesse campo da espiritualidade, temos, na Igreja católica, o Sacramento da Penitência, ou como costuma-se dizer: a Confissão. Todas as comunidades eclesiais preparam-se para a Páscoa com um momento especial, no qual acontecem as chamadas Confissões Comunitárias. Nessa ocasião, onde é possível, os padres de diversas comunidades paroquiais se unem, cada dia em uma paróquia, e ministram o sacramento da penitência àqueles que o quiserem. Há uma celebração Penitencial com todos os presentes, com uma pregação e com orações que preparam o coração para as confissões individuais. Onde não é possível a presença de vários sacerdotes para as confissões individuais, acontece a absolvição geral, segundo as diretrizes da Igreja.

Geralmente, embora em todas as paróquias haja atendimento com frequência durante o ano todo, as confissões comunitárias são muito procuradas e são um momento profundo de cura e restauração. Devo admitir que, às vezes, a quantidade de pessoas pode cansar um pouco os menos pacientes de aguardar sua vez, mas, nesses anos todos de sacerdócio, posso dizer, com convicção, que aquele que se aproxima da confissão com o coração aberto, encontra paz e tranquilidade, força e saúde espiritual em outro coração sempre aberto: o Coração Sagrado e Chagado de Jesus. Às vezes me inquieta o fato de Jesus ter escolhido o coração sacerdotal, frágil e humano, como qualquer outro coração, para ser o reflexo da misericórdia de seu Sagrado Coração; mas é aí que se esconde o grande mistério: Ele escolhe os que Ele quer, e a eles dá a missão da reconciliação: "àqueles a quem perdoardes os pecados, ser-lhes-ão perdoados" (Jo 20,23). Que ternura e bondade de um Deus que sempre encontra maneiras de se manter próximo a nós e nos manter próximos a Ele! Jesus nos ensina, pelo exemplo, a acharmos sempre alguma maneira de perdoar, de nos reconciliar, de nos reaproximar, de começar de novo. Toda confissão precisa ser para nós isto: oportunidade de reconciliação e recomeço.

Eu, a cada vez que me confesso, entendo que alcanço paz interior mais profunda. Não é apenas alívio das culpas, pois, embora a confissão tire-me o peso dos pecados, não me tira jamais a responsabilidade da conversão; pelo contrário, impele-me à mudança. Não é apenas um alívio psicológico, pois está bem acima daquele bom sentimento que me preenche após uma conversa com um grande amigo. É uma paz profunda, inquieta, forte, que me constrange a ir além. Talvez porque seja a mesma paz que Jesus concedeu a seus apóstolos pouco antes da missão da reconciliação: "A paz esteja convosco!" (Jo 20,21).

Além de toda a teologia presente nesse sacramento, eu o convido a experimentá-lo como arma eficaz de uma espiritualidade madura e com sede de aperfeiçoar-se. Não há como alcançar uma meta, sem ter bem decidido de onde se deve partir. Um passo atrás pode significar um impulso surpreendente em vista da vitória a se alcançar! Isto é o sacramento da confissão para quem crê: um passo atrás para olhar de onde viemos e corrigir o que é necessário; um pequeno afastamento para olhar a vida por um prisma mais amplo, um ângulo mais aberto e, assim, atingir mais perfeitamente a meta a ser alcançada!

Parte 10
É meu!
(Possessividade, Necessidade de Controle e Ciúmes)

1
O que faz você acreditar que possui o controle sobre alguém?

Dra. Ana Carolina Cabral

Pensar sobre o poder e o controle é intrigante e acompanha a história do mundo. Existem casos em que o poder e a submissão em massa foram responsáveis por marcos históricos, como os movimentos fascistas, por exemplo. Mas, afinal, por que alguém pensa ter controle sobre o outro?

Psicologicamente, existem diversas variáveis que podem sustentar essa ideia. Além da ganância ou mesmo da insegurança individual, quem costuma buscar a fonte racional sobre os comportamentos não se contentaria com essas características pessoais. Há embasamentos mais concretos e distorcidos da racionalidade para isso. Na intenção de favorecer a compreensão, de certa maneira técnica, proponho a contextualização acerca da abordagem da terapia racional emotiva comportamental.

Segundo essa abordagem, o comportamento e o afeto são largamente determinados pelo modo como o indivíduo estrutura o mundo, como olha para as coisas e como as interpreta. Logo, o pensamento, ou melhor, a cognição ocupa o ponto-chave para a compreensão das ações humanas.

Os teóricos dividiram as estruturas cognitivas em níveis de organização para facilitar a compreensão das diferentes formas do pensar. Tal divisão prevê:

a. Pensamentos automáticos: ideias, crenças e imagens específicas à situação. Eles percorrem a mente, sem o mínimo esforço de sua parte. É um diálogo interno que parece óbvio e natural para cada pessoa.

b. Crenças intermediárias: relacionadas com as regras mentais que cada pessoa formula ao longo da vida.

c. Crenças centrais: valores rígidos elaborados na história de vida.

Logo, pensar no poder de controlar os outros possui suas bases nas estruturas cognitivas.

A Terapia Racional Emotiva Comportamental (TREC), desenvolvida por Albert Ellis, há mais de 45 anos, propõe que qualquer experiência ou evento ativa (A) crenças individuais (B), que, por sua vez, geram consequências (C) emocionais, comportamentais e fisiológicas. Ellis, quando estudou a origem racional dos transtornos emocionais, postulou 12 crenças irracionais básicas mais frequentes que tomam a forma de expectativas irrealistas ou absolutistas. Dentre essas 12 crenças, temos uma que pode ser especialmente destacada como base para as ilusões de controle sobre os outros. A crença postula: "Deve-se ter um controle absoluto e perfeito sobre as coisas".

Segundo essa afirmativa, o indivíduo pode pensar que, caso não tenha o controle, não será pleno, não estará seguro, ao contrário, estará vulnerável ao insucesso, ao perigo e ao sofrimento. O controle pode ser sobre algo ou alguém, mas fato é que se pretende ter as variáveis envolvidas sob seu poder.

Alguém que parte do pressuposto que um relacionamento interpessoal deve ser controlado prevê que apenas os próprios interesses, ideais, e pontos de vista são relevantes. Ainda, essa pessoa considera que aquele envolvi-

do nessa relação será condicionado, de algum modo, a tais interesses. Isso pode gerar desconfortos, uma vez posto o choque de interesses:
– na relação em si,
– nas pessoas envolvidas.

Qual será a provável consequência disso?

Ora, como nem sempre se subordinar ao controle alheio é algo favorável, minimamente, a crença acerca da possibilidade de controle será posta à prova. Vale ressaltar que, apesar de muitos pensamentos poderem ser considerados como base para a ideia de exercer controle sobre alguém, pensar nessa possibilidade envolve, antes de tudo, uma frágil avaliação de si mesmo.

2
É normal sentir ciúmes? Como lidar com isso?

Pe. Rodrigo Simões

Para clarear essa questão, precisa-se entender o que é ciúme. Envolve uma relação com pelo menos duas pessoas. Diz respeito ao amor que a pessoa sente como lhe sendo devido e que lhe foi tirado, ou está em perigo de sê-lo, por seu rival. Significa sentir-se privado por outrem do objeto amado. Significa que uma outra pessoa tomou, ou a ela está sendo dado o "bom" que por direito pertence ao indivíduo. O ciumento teme perder o que possui para outra pessoa, que passa a enxergar como concorrente.

A partir dessa definição, pode-se perceber que sentir ciúmes é normal, dependendo da medida. Todo mundo tem medo de perder quem ou o que se ama. Mas, dependendo da intensidade do ciúme, ele pode tornar-se patológico, isto é, doentio. Então, se você sente medo de perder algo ou alguém amado, mas convive bem com esse sentimento e ele não é muito intenso, tem um ciúme natural, normal. Mas, se apresenta sentimentos intensos de ansiedade, insegurança, inferioridade, tristeza, diante de uma ameaça constante de perder alguém ou algo que ama para outra pessoa, precisa prestar atenção nessa situação, pois pode estar precisando de ajuda.

Quem tem muito ciúme, precisa parar para pensar em seu modo de encarar os relacionamentos. Claro que poderá sentir ciúmes de coisas materiais, como um carro ou um celular, mas, geralmente, sente ciúmes de outra(s) pessoa(s). Há pessoas extremamente apegadas a objetos e isso pode trazer sofrimento; entretanto aqui o foco será o ciúme entre pessoas.

Quais seriam as crenças que sustentam um ciumento? Por que algumas pessoas têm tanto medo de perder o outro? Há casos em que o ciumento constrói uma redoma em torno do ser amado – isso seria amor ou doença? –, colocando-o dentro de uma prisão.

Uma pessoa ciumenta tem medo de perder e, a menor aproximação de um terceiro, sente-se ameaçada. Portanto, a tendência do ciumento é afastar o ser amado de tudo o que possa parecer ameaça. Esse parecer é interpretado pelo ciumento de uma forma muito particular, pois ele vê perigo o tempo todo, mesmo onde não há. É claro que há pessoas que gostam de perceber que o outro está com ciúmes de si; talvez para se sentirem valorizadas ou importantes, podem experimentar uma falsa sensação de valor ou amor. É fundamental esclarecer que ciúme nem sempre significa amor. Pelo contrário! O amor inclui confiança e liberdade, as quais praticamente não existem em um relacionamento de ciúme doentio.

Uma pessoa ciumenta acredita ser dona do outro. Acredita que deva ter exclusividade sobre o outro, em todos os sentidos. Não confia, não abre mão e não negocia uma abertura no relacionamento. Acredita que tem o direito de isolar o outro de tudo e todos, para conservá-lo em segurança.

É claro que alguém que pense e sinta isso tem problemas graves com a autoestima. E isso tem tudo a ver com sua história de vida. Aprendeu, em alguns momentos, que as coisas devam ser assim. Confia muito pouco em suas capacidades e qualidades, mas geralmente não admite isso. Vejo muitos ciumentos sustentando uma máscara de pessoa "bem resolvida" e independente. Querem fazer os outros acreditarem que são fortes e capazes, mas, ao contrário, escondem, por trás das aparências, uma pessoa medrosa, com sentimentos profundos de inferioridade.

O que eu diria para a pessoa ciumenta? Eu diria que, se se enquadrar nessa situação, é alguém que sofre muito, que faz quem ama sofrer muito também e precisa urgentemente de ajuda! Isso é um problema! Sendo assim, é a pessoa quem deve buscar soluções para ele. Ciúme não é prova de amor e não impede a traição do outro. Quem é ciumento tem pouca confiança em si. Apresenta crenças e sentimentos de inferioridade. A tentativa de possuir o outro demonstra incapacidade de autonomia. Essa simbiose é doentia e precisa ser tratada, se quiser ser feliz.

É necessário enfrentar o ciúme. Aceitar que não é normal. É doença! É interno; a não ser que o outro alimente esse ciúme, é um problema individual. É necessário conhecer a si mesmo. Desenvolver a autoestima. Aprender a separar o real do imaginário. Aprender que o outro tem direitos e aprender a respeitá-los. Colocar-se no lugar do outro de verdade e imaginar o que sentiria. Buscar uma espiritualidade saudável. Aprender a parar os pensamentos geradores de ciúmes e refocalizar. Analisar como outras pessoas saudáveis enfrentam a mesma situação.

Essas são algumas dicas, mas é preciso ressaltar que, em muitos casos, quando o ciúme é patológico, faz-se necessário auxílio psicológico.

Agora, para quem convive com ciumentos, seguem também algumas dicas. Primeiramente, perceba se você alimenta o ciúme do outro. Se o faz e quer livrar-se disso, precisa parar. Compreenda que ciúme excessivo não é maldade e sim doença; que as acusações dirigidas pela pessoa ciumenta são fruto de seu medo de perder; aprenda a não acreditar, a não "pegar" para si as acusações. Não aceite violência física, de forma alguma! Demonstre determinação, firmeza, assertividade, coerência; seja verdadeiro para conquistar respeito; submissão não ajuda! Procure um equilíbrio entre as exigências da pessoa ciumenta e seus desejos próprios; não compre briga à toa; não deixe de fazer as coisas de que gosta; deve aprender a fazer concessões dos dois lados. Em momentos de crise, não enfrente; espere a situação "esfriar". Não resolve "bater boca" acusando-a das mesmas coisas das quais você é acusado. Não fique se justificando; quem se explica muito demonstra insegurança e passa a impressão de estar fazendo algo errado. Mantenha contato social saudável, quer dizer, não se isole dos outros por medo de brigas. Não conte experiências amorosas que teve antes de conhecê-la; ela não saberá lidar com isso!

Não é fácil conviver com o ciúme patológico. Mas essas dicas podem ajudar. Ninguém nasceu para viver "grudado" no outro. Somos seres criados para a liberdade e criatividade. O monstro do ciúme destrói tudo isso!

Liberte-se dele! Você pode!

3
"Só sei viver se for por você!"

Pe. Reginaldo Carreira

Conheço uma professora que, no Dia dos Namorados, propõe uma festa "do amor" (ou algo parecido), em que aborda, por meio de teatro, textos, trabalhos de alunos e decorações, o tema amor, não só em relação ao dos namorados, mas a todas as nuances da palavra amor, em seus mais belos sentidos: amor familiar, amor de amigos, amor-respeito, amor-perdão, amor-admiração, amor-próprio (autoestima)... As conquistas dessa proposta são desde um simples reconhecer o valor das pessoas ao redor, o abraço de perdão sincero entre colegas de trabalho, até uma reconciliação entre familiares.

Fomos criados para o amor, que é, por natureza, doação, o que já nos ensinou Jesus: "Há muito mais alegria em dar que em receber" (At 20,35). Mas também sabemos que "ninguém pode dar aquilo que não tem!", e precisamos estar conscientes disso para que tenhamos relacionamentos maduros, especialmente no que diz respeito ao namoro ou casamento.

O relacionamento amoroso, ou mesmo de amizade, não pode ser a busca de um "suplemento", mas de um complemento, isto é, devemos buscar alguém que nos complete (embora não seja a melhor definição), não alguém que nos "salve". Precisamos estar bem "só" para estarmos bem com o outro.

O que dificulta muitos relacionamentos é o sentimento que expressei no título, tirado de uma música do Djavan: "Só sei viver se for por você!" Como expressão romântica e poética do amor, essa frase é a mais bela verdade; mas, como realidade, há certo perigo em levar esse pensamento ao pé da letra. Engana-se aquele que pensa estar seguro só quando "tem" alguém, porque nunca esse alguém será suficiente, nunca corresponderá às exigências de quem precisa de um "suplemento". O ciúme será exagerado, o sentimento de posse mais ainda, o medo de perder irá além da normalidade, enfim, será um relacionamento destrutivo e imaturo. É triste quando vemos que aquela pessoa ativa na comunidade começou um relacionamento e afastou-se da Igreja ou do grupo em que estava, ou ainda que aquela pessoa se casou e isolou-se. Um relacionamento maduro sabe "conviver"...

Mas, se você se identificou com esse tipo de personalidade, o que fazer? Se não recebeu o suficiente na infância, o que fazer? Além de um auxílio psicológico, quando necessário, a vida comunitária é o grande "trunfo" daquele que tem fé.

Com seus desafios e suas alegrias, a vida comunitária, em um contexto de espiritualidade, pode gerar amor concreto, puro e curar as marcas do desamor. Além disso, pode acrescentar muito aos relacionamentos e alimentar a autoestima, pois permite que os dons sejam colocados a serviço e se possa aprender com os dons dos irmãos...

Vale a pena ser cristão comprometido em uma comunidade. Vale a pena adicionar aos relacionamentos amorosos uma boa "pitada" de convivência com os outros: aí sim, teremos um relacionamento maduro e destinado à felicidade, fundamentando nosso amor "modesto" no amor-fonte, insuperável, de Deus, presente na oração e nos irmãos!

Parte 11
"Estou morrendo de vergonha!"
(Habilidades sociais)

1
Você reconhece sua competência social?

Dra. Ana Carolina Cabral

As Competências Sociais influenciam o sucesso escolar, vocacional, profissional, conjugal, familiar e, sobretudo, social. É preciso mostrar-se, posicionar-se, expor-se, ainda que nem sempre essa seja uma tarefa fácil. Interagir socialmente pode ser, muitas vezes, para muitos um grande desafio!

Também é desafiador compreender elementos da interação social. No entanto, pode-se iniciar lembrando que a interação é composta de comportamentos/ações interpessoais, que possuem alguns componentes moleculares, como:
– o olhar;
– a expressão facial;
– os gestos;
– a postura;
– a orientação (intimidade e formalidade);
– a distância/contato físico;
– o volume da voz;
– a entonação;
– a fluência;
– o tempo da fala;
– o conteúdo.

Tais componentes, aparentemente, são óbvios e imprescindíveis para o desempenho social satisfatório. Mas o que são competências sociais?

As competências sociais mais básicas são: ouvir, iniciar e manter uma conversa, fazer perguntas, dizer obrigado, apresentar-se, apresentar outras pessoas, fazer um elogio etc. São ações bem simples, para algumas pessoas, e essenciais para a inserção social, porém muitas delas não conseguem sequer se imaginar realizando-as.

A definição de competência social foi descrita por diversos teóricos que contemplam serem as competências sociais constituintes da nossa capacidade para obter sucesso nas mais diversas interações interpessoais. Nestas, são integradas as competências cognitivas, comportamentais e emocionais. Ainda, as competências sociais podem ser dividas em:

– atributos individuais: relacionados ao temperamento. Exemplo: empatia, humor.

– capacidades sociais: relacionadas à assertividade, capacidade de justificar as ações, a fazer parte de um grupo, participar de discussões.

– atributos de relacionamento com os outros: aceitar e ser aceito, de uma forma geral, nas atividades acadêmicas, de negociação, de resolução de conflitos, para iniciar e manter relações.

Essas habilidades são aprendidas quase sempre a partir de experiências interpessoais e também por meio da observação do desempenho dos outros. Logo, interagindo é que se aprende a interagir melhor. A aquisição real do repertório de comportamento social funcional se dá quando ocorrem as interações e sua observação crítica. Mas essa nem sempre é uma tarefa fácil.

Existem comportamentos chamados pró-sociais, ou altruístas, que se desenvolvem em conjunto ao desenvolvimento da criança. Um exemplo desses comportamentos é a prestação de assistência física e/ou verbal e também os comportamentos de consolo e apoio. A literatura aponta que o comportamento altruísta pode ser mediado pela empatia, outro conceito que está relacionado, em parte, com a autoconsciência e com o conhecimento emocional. A empatia refere-se à capacidade de saber ou antever aquilo que os outros sentem.

É curioso que, perto dos três anos de idade, embora as crianças sejam vistas como egoístas, já começam a exteriorizar comportamentos altruístas. Elas apresentam uma leve percepção de que seus sentimentos podem diferir dos sentimentos dos outros e, nesse momento, já começam a incluir, em seu repertório emocional, o conhecimento de algumas emoções que lhes permitem responder, de maneira simpática e empática, aos outros.

No entanto, nem todos são habilidosos socialmente. Alguns possuem dificuldades sociais. E existem fatores influentes nessas dificuldades. Dentre esses fatores, é possível identificar:

– déficit de repertório, quando não é conhecida a forma de se comportar socialmente;

– inibição mediada pela ansiedade, quando é temida a exposição diante dos outros; ou também

– problemas de percepção social, quando o indivíduo não aprendeu ainda a identificar as variáveis atuantes no momento, no local, que possam influir nos comportamentos dele e daqueles com quem possa interagir.

Grande parte da população adulta apresenta dificuldades sociais. Sua presença não se restringe aos doentes mentais severos. Porém, nesses casos, o comprometimento nas relações sociais é recorrente. Os psicóticos apresentam isolamento social, distúrbios no desempenho de papéis sociais, bem como a dificuldade de estabelecer e manter relações sociais, ainda que superficiais. Para esses é indicado o treinamento em competências sociais que visa à formação prática de habilidades instrumentais e interpessoais com o objetivo da reinserção social básica.

Mas muitos se perguntam: "Como posso me livrar de minhas dificuldades sociais?", ou ainda, "Como posso vencer minha fobia social?" Quando há dificuldades sociais, muitas estratégias de enfrentamento podem ser elaboradas de acordo com as potencialidades e também personalidade de cada pessoa. Tais estratégias são parte daquilo que a psicologia nomeia de treino de habilidades/competências sociais. Esse treino se fundamenta na aprendizagem gradual de como interpretar os sinais sociais, de modo que a pessoa possa determinar como quer agir na companhia de outras pessoas.

Trabalhar competências comunicacionais pretende ensinar as pessoas a melhorarem o comportamento verbal e não verbal envolvido nas interações sociais, ou seja, o que dizem, como dizem, a forma como o dizem, como estão com os outros, como lidam com o que sentem quando estão com os outros, independentemente se essas pessoas têm ou não problemas emocionais. Assim, fomentando um estilo comunicativo assertivo.

Ser assertivo permite agir, de acordo com os próprios interesses, necessidades e direitos, sem interferir nos direitos do outro e exprimir sentimentos e pensamentos defendendo algum ponto de vista sem ofender o outro. Uma vez sendo uma demanda com detalhes específicos, seu enfrentamento será minucioso; nem sempre uma mudança de atitude despretensiosa é funcional ou alcança o objetivo de

"vencer" a tal dificuldade social. Então quando alguém irá precisar de uma assessoria especializada, profissional? O Treino de Competências Sociais é indicado para situações de:
- dificuldade de ser assertivo;
- dificuldade de incluir um grupo;
- dificuldade de estabelecer proximidade com outra pessoa.

As intervenções, chamadas de programas de promoção de competências sociais, pretendem justamente o ensino de estratégias e habilidades sociais, direto e sistemático, visando aprimorar o desempenho da competência social individual em determinadas situações, por meio do ensino de classes e subclasses de habilidades específicas. Essa aprendizagem pode fazer uso da psicoeducação enquanto uma intervenção do foro cognitivo-comportamental, mas também inclui o emprego das técnicas e estratégias, instruções, modelagem, feedback e o reforço. Tanto a dimensão comportamental, enquanto a capacidade a ser trabalhada, tanto a dimensão individual, preconizando as capacidades cognitivas, quanto a dimensão situacional, ou seja, o meio, precisarão atentar para as características do indivíduo e as situações em que determinado comportamento ocorre.

Concluindo, é possível habilitar-se socialmente. É preciso lançar mão de estratégias de ação! Apesar de ser um treino que implica, antes de tudo, a leitura das potencialidades e dificuldades mais íntimas, o desconforto das dificuldades sociais costuma ser muito ruim. Tão ruim que mobiliza para a mudança comportamental efetiva. Pode ser um ato de coragem nada espontâneo, porém não menos valioso ou gratificante.

2
Você sabe ouvir o outro e se fazer compreender?

Pe. Rodrigo Simões

Ele sabia se fazer entender nas mais diversas situações. Quando era pressionado, conservava o autocontrole e reagia proporcionalmente ao que a situação exigia. No momento da cruz, no limite do sofrimento, próximo à morte, ainda conseguiu raciocinar de forma equilibrada e emitir ao Pai um pedido de perdão àqueles que lhe roubavam a vida.

As parábolas que usava, o jeito de falar, a forma de se comportar... O olho no olho, a entonação da voz, ora manso, ora forte, sem ser agressivo... A forma de surpreender as pessoas e fazê-las pensar de uma maneira nova, libertadora... O tempo que dava para seu interlocutor pensar, a forma de indagar, as perguntas e respostas exatas, no momento exato... Tudo isso fez de Jesus alguém extremamente competente para lidar com as pessoas.

Extremamente, pois levou ao máximo do humano as capacidades sociais, transformando-as em habilidades. Não seria para menos, não é? Sendo Deus e homem, é nosso modelo. Ele nos mostra quão longe podemos chegar.

Ninguém nasceu sabendo, nem Jesus. Aprendeu a falar, a andar e a desenvolver todas as capacidades humanas, inclusive a habilidade social. Seguindo seu exemplo, podemos desenvolver nossas habilidades em todas as áreas humanas, inclusive nas de competências sociais, tão importantes para nossa existência, ainda mais para nossa vida de comunidade eclesial. Comunicar-se, posicionar-se, saber compreender o ponto de vista dos outros e fazer-se entender nas diversas situações são habilidades que adquirimos ao longo da vida, por meio de uma aprendizagem, que pode durar toda a nossa existência.

Amar uns aos outros como Jesus nos ensinou exige um treinamento nesta área: habilidades sociais. O amor é um sentimento, mas não se restringe a isso. O amor é prático. A prática do amor é a justiça, que significa a boa medida em qualquer situação. Como sermos justos nas relações sociais, de modo a vivermos o mandamento maior que Jesus nos deixou? Olhando para Jesus e imitando seus passos. Vale lembrar a música do padre Zezinho que diz: "Amar como Jesus amou, sonhar como Jesus sonhou, pensar como Jesus pensou, viver como Jesus viveu, sentir o que Jesus sentia, sorrir como Jesus sorria e ao chegar ao fim do dia, eu sei que eu dormiria muito mais feliz!"

Claro que a leitura orante da Palavra, a vida nas comunidades cristãs, a comunhão constante, a oração, a intimidade com o Senhor nas diversas formas nos aproximam cada vez mais dele, transformando-nos, levando-nos a sermos cada vez mais parecidos com Jesus. Mas existem muitos estudos que procuram oferecer treinamentos em habilidades sociais, que podem ajudar muito! Podemos treinar as competências sociais constituintes da nossa capacidade para obtermos sucesso nas mais diversas interações interpessoais. Para isso, vale conhecer o que diz a psicologia em relação a esse tema.

O texto da Dra. Ana Carolina Cabral "Você reconhece a sua competência social?" oferece grande colaboração da área da psicologia a esse tema. Se você tem grande dificuldade para se relacionar com as pessoas, se você percebe que não consegue se fazer ouvir e ser respeitado, talvez precise de ajuda. Deixe Jesus ser seu principal terapeuta, mas não tenha medo de, se preciso for, buscar ajuda profissional.

Gostaria de reforçar que a união entre espiritualidade e autoconhecimento nos leva de forma mais segura e rápida à santidade. Mãos à obra!

3
Apelou, perdeu!
Por que é tão difícil manter o controle?

Pe. Reginaldo Carreira

A frase acima – "apelou, perdeu!" – eu diria que é a versão atual de uma mais antiga que diz: "não faça tempestade em copo d´água". Sem dúvida temos motivos para muitas vezes perder o controle no agir, no falar, no criticar, mas, se queremos ser cristãos de verdade, há que se avaliar se os motivos são justos, se a reação é necessária e se vale a pena perder o controle.

"Padre..., eu até tento, mas não aguento! Quando vou ver..., já era!" compartilhou alguém comigo. Realmente conheço pessoas de bem, que sabem qual a melhor atitude a tomar, a melhor palavra a dizer, a melhor maneira de falar, mas, já enfraquecidas por momentos de pressão e estresse, afetadas pela correria do dia a dia, acabam por perder a paciência e com ela o crédito e o valor do que fazem ou dizem.

Por que é tão difícil manter o controle? Por que é tão complicado vencer o orgulho e não se sentir obrigado a dizer a última palavra? Por que parece mais fácil, muitas vezes, discutir do que dialogar?

Jesus sempre soube dos nosso pecados, e, amando-nos como somos, por diversas vezes, ensinou-nos sobre a importância de assumirmos o último lugar, de nos colocarmos a serviço, em vez de querermos ser servidos, e de ouvirmos mais do que falarmos. Jesus sabe que uma das tentações que mais dominam nossa fragilidade humana é exatamente a sede de poder. E precisamos enxergar que nossa dificuldade em manter o controle, vencer o orgulho e a violência, evitar a discussão está ligada a nossas cargas emocionais e históricas e muito mais à nossa visão de fé, ainda imatura e insegura.

Se nos dizemos cristãos e queremos sê-los de fato, devemos entender que assumir essa postura de mansidão e humildade nos fará assemelhar-nos mais ao Cristo em que cremos e que seguimos. Isso não é a alienação e romantismo espiritual: é fé convicta e comprometida! Se cremos em Jesus, também cremos em suas promessas e seus ensinamentos. E, se cremos em seus ensinamentos, é natural que queiramos obedecer-lhe e segui-lo, imitando seus atos e seu modo de vida.

Esses dias encontrei uma mãe com seu filho de quatro anos e a cumprimentei. Segundos depois, ela deu um empurrão no filho com um xingamento daqueles! Confesso que me envergonhei, fiquei constrangido por estar por perto, mas olhei para ela e percebi que não havia nenhum sinal nem de constrangimento, muito menos de vergonha. Um amigo, que estava perto, disse: "Isso é assim mesmo hoje em dia!" Embora não seja o certo, pode até ter se tornado comum; mas haver uma sensação de conformismo de minha parte não dá para ser possível, ao menos como cristão. É claro que, provavelmente, existisse toda uma situação para ela estar perdendo o controle. Não quero aqui julgar um momento, mas quero pedir que reflitamos sobre o risco de apelarmos sempre, de perdermos o controle e ficarmos em uma postura de limite constante. É preciso crescer em conversão e capacidade de boa convivência, fundamentadas nos valores cristãos. Isso é fé forjada na Palavra de Deus. Isso é maturidade humana e capacidade de agir com a chamada habilidade social.

Não combina cantarmos um louvor a Deus e com a mesma boca xingarmos o nosso irmão. Não convém um "palavrão" na boca que proclama a Palavra. Não é adequado irmos à missa e depois agredirmos física ou verbalmente quem tenha uma opinião contrária à nossa. Existem tantos caminhos para a paz e para a reconciliação! Por que insistimos, muitas vezes, nos caminhos mais longos (fofoca, murmuração, perseguição, ataques, agressões)?

Sinto muito, mas quem apelou, perdeu! Perdeu o crédito, perdeu a chance de dialogar, perdeu o respeito, perdeu a fé e perdeu a graça (nos dois sentidos!).

Conclusão

Ao fazermos um caminho como este, de aprofundamento de temas relativos à nossa vida emocional e espiritual e, ainda, de conscientização de nossas fraquezas e forças, pensamos que a palavra que deve nos inspirar seja a gratidão. Todo passo para dentro de nós nos torna mais capazes de sairmos com liberdade e confiança para fora de nós, ao encontro do outro! E é o encontro que gera maturidade humana, afetiva e espiritual... É o encontro que gera vida... É o encontro de pessoas inteiras que abre novos horizontes e reacende a esperança, que cura e harmoniza a vida e a fé!

E quanto mais nos encontramos (conosco e com os outros), mais temos necessidade de nos encontrar com Aquele, que é o fundamento de tudo! E esse encontro com Deus se dá pela oração. Rezemos a partir de tudo o que refletimos! Peçamos a cura interior e rezemos uns pelos outros. E lembremos que a cura do coração é um processo, assim como a conversão e o perdão são um processo!

O amor de Jesus continua a tocar a humanidade e curar física, espiritual e psiquicamente aqueles que se deixam encontrar com Ele. Seu cuidado compassivo continua a iluminar nosso caminho e orientar nossos passos, tecendo nossa história com oportunidades de aprendizado, crescimento e realização, para que sejamos o melhor que pudermos ser, dentro de seus planos para nós!

Falando em planos, que tal fazer um plano agora? Passos a serem dados de forma concreta, a partir desta leitura, decisões a serem tomadas, para que as inspirações se tornem realizações, conversas a serem construídas, a partir de alguns insights que teve... Talvez, em algum momento, aprendendo ou rezando, você tenha pensado em agir! Pense sim..., e pense bem..., mas não pense, apenas! Concretize esses pensamentos, transformando-os em atitudes que iluminem sua vida e a vida de quem está ao seu redor! Somos chamados a iluminar o mundo! Ensina-nos o Mestre:

> Vós sois a luz do mundo. (...) Não se acende uma luz para colocá-la debaixo de um cesto, mas sim para colocá-la sobre o candeeiro, a fim de que brilhe a todos os que estão em casa. Assim, brilhe vossa luz diante dos homens, para que vejam as vossas boas obras e glorifiquem vosso Pai, que está nos céus (Mt 5,13-16).

Essas reflexões nos ajudaram a conhecer-nos um pouco mais e entender melhor o funcionamento de nossos pensamentos e sentimentos para mudarmos nossas atitudes! E a graça de Deus vem ao nosso encontro para nos ajudar a aproveitar todas essas ferramentas em vista de nossa felicidade!

Desejamos que seu coração continue sendo curado e transformado pela graça poderosa e amorosa do Senhor. Desejamos que sua fé se fortaleça cada dia mais: fé em si mesmo, fé na humanidade e fé em Deus, que nos ama como filhos! Desejamos, por fim, que seu coração seja sempre mais cuidado e assim possa ser sempre um coração jovem e iluminado por Cristo; afinal, com Cristo, o coração não envelhece nunca!

Jesus, manso e humilde de coração, fazei o nosso coração semelhante ao vosso! E dai-nos sempre um coração jovem!

Índice

Prefácio 5
Introdução 7

Parte 1: Psicologia e Espiritualidade 13
1. Psicologia e fé – *Pe. Rodrigo Simões* 15
2. Ansiedade e fé – *Dra. Ana Carolina Cabral* 19
3. O coração de Jesus – *Pe. Reginaldo Carreira* 22

Parte 2: Socorro! Não dou conta!
(Ansiedade e Medo) 25
1. O Medo – *Pe. Rodrigo Simões* 27
2. A ansiedade – *Dra. Ana Carolina Cabral* 40
3. Não temas! – *Pe. Reginaldo Carreira* 42

Parte 3: Eu te amo! (Autoestima e Assertividade) 45
1. O que é autoestima? Como está a sua?
   – *Pe. Rodrigo Simões* 47
2. Assertividade: o que é? Como fazer?
   – *Dra. Ana Carolina Cabral* 59
3. Mais capaz de amar
   – *Pe. Reginaldo Carreira* 63

Parte 4: Por que comigo? (Frustração e Depressão).....67
1. Frustração e depressão – *Dra. Ana Carolina Cabral*.........69
2. Você tem depressão? Como tratar?
   Como lidar com isso? – *Pe. Rodrigo Simões*........................73
3. Sua fé supera a provação? – *Pe. Reginaldo Carreira*.......79

Parte 5: Não me deixe só! (Dependência Afetiva).........83
1. Dependência afetiva – *Dra. Ana Carolina Cabral*............85
2. Sou um dependente afetivo, e agora?
   – *Pe. Rodrigo Simões*..89
3. Amor ou prisão? – *Pe. Reginaldo Carreira*........................93

Parte 6: Espelho, espelho meu...
   (Autoimagem e Autoaceitação)........................97
1. Quem você pensa que é? – *Pe. Rodrigo Simões*...............99
2. Autoaceitação, uma conversa intimista
   comigo mesmo – *Dra. Ana Carolina Cabral*....................101
3. Para ser feliz com o que se tem
   e com o que se é! – *Pe. Reginaldo Carreira*....................105

Parte 7: Homem nenhum presta! (Preconceito)...........107
1. Preconceito, um desafio social e psíquico
   – *Dra. Ana Carolina Cabral*..109
2. Você é preconceituoso(a)! – *Pe. Rodrigo Simões*............113
3. Você reflete o suficiente antes de
   manifestar sua opinião? – *Pe. Reginaldo Carreira*.........116

Parte 8: E agora, José? (Diferenças entre homens
   e mulheres: convivência).........................119
1. As diferenças, os gêneros e a terapia racional emotiva
   – *Dra. Ana Carolina Cabral*..121

2. Homens e mulheres são diferentes, e daí?
    – *Pe. Rodrigo Simões* 124
3. Convers(aç)ão familiar – *Pe. Reginaldo Carreira* 130

Parte 9: Não fui eu! (Culpa e Responsabilidade) 133
1. Culpa ou responsabilização, o que fazer?
    – *Dra. Ana Carolina Cabral* 135
2. Você é como Judas ou Pedro?
    – *Pe. Rodrigo Simões* 138
3. Você quer ter paz interior? Confesse-se!
    – *Pe. Reginaldo Carreira* 141

Parte 10: É meu! (Possessividade, Necessidade de Controle e Ciúmes) 145
1. O que faz você acreditar que possui o controle sobre alguém? – *Dra. Ana Carolina Cabral* 147
2. É normal sentir ciúmes? Como lidar com isso?
    – *Pe. Rodrigo Simões* 150
3. "Só sei viver se for por você!"
    – *Pe. Reginaldo Carreira* 154

Parte 11: "Estou morrendo de vergonha!" (Habilidades sociais) 157
1. Você reconhece sua competência social?
    – *Dra. Ana Carolina Cabral* 159
2. Você sabe ouvir o outro e se fazer compreender?
    – *Pe. Rodrigo Simões* 164
3. Apelou, perdeu! Por que é tão difícil manter o controle? – *Pe. Reginaldo Carreira* 167

Conclusão 171

A marca FSC® é a garantia de que a madeira utilizada na fabricação do papel deste livro provém de florestas que foram gerenciadas de maneira ambientalmente correta, socialmente justa e economicamente viável.

Este livro foi composto com as famílias tipográficas Formata e Segoe UI
e impresso em papel pólen bold 70g/m² pela **Gráfica Santuário**.